L'AUTRE VAN GOGH

Marie-Angélique Ozanne
Frédérique de Jode

L'AUTRE VAN GOGH

Une biographie de Theo van Gogh

Éditions Olbia
Regard sur l'art

Collection *Regard sur l'art*
dirigée par Anne Chocron

Illustration de couverture :
Photographie de Theo van Gogh en 1889,

Éditions Olbia, 43 bis, rue des Entrepreneurs, Paris XVe
ISBN : 2-7191-0523-6

À nos parents et grands-parents
pour leur indéfectible soutien.

« … il y a dans ce monde une société secrète qu'on pourrait nommer la compagnie des « mélancoliques ». Ce sont des gens qui, dès la naissance, sont autrement faits que les gens ordinaires ; ils ont le cœur plus grand et le sang plus vif ; ils souhaitent et désirent davantage ; ils aspirent avec plus d'ardeur, et leurs passions sont plus violentes, plus brûlantes que celles du commun des hommes. Ils sont spontanés comme ceux qui sont nés un dimanche ; leurs yeux sont plus ouverts, leur sens ont la perception plus subtile. Les plaisirs et les joies de la vie, ils les boivent avec les racines de leur cœur alors que les autres les étreignent avec leurs grosses mains ».

Jens Peter JACOBSEN

Introduction

Vincent serait-il devenu Van Gogh sans son frère Theo ? Aurait-il pu subsister et créer, sans celui qui, pendant les années difficiles, l'a encouragé, soutenu, entretenu, porté à bout de bras ?

Pour nombre de ses biographes – historiens d'art comme psychanalystes – Vincent n'aurait jamais pu devenir peintre sans Theo. En effet, ce dernier l'incita à se « faire artiste » à un moment où Vincent ne savait quel sens donner à sa vie et lui offrit généreusement en toutes circonstances les moyens de se consacrer exclusivement à son œuvre.

Attaché à Vincent par mille liens intimes, Theo van Gogh, le complice des jeux d'enfants, s'est transformé au fil des années en un ami, en un confident, en un père et une mère, voire en un souffre-douleur. Frère chéri, il a toujours joué un rôle de guide et de bienfaiteur dans une relation passionnelle complexe et ambiguë qui l'entraînera aux limites d'une dépendance fatale.

Theo s'est retrouvé enchaîné à Vincent et Vincent à Theo.

Par la volonté du cadet, l'aîné a donné naissance à un œuvre unique, « fabriqué à nous deux », disait-il. L'un peignait, l'autre réalisait son rêve. Tous deux s'y perdirent. Un mythe moderne naissait, avec ses fondements et ses fantasmes.

Marchand d'art avisé, Theo a soutenu les impressionnistes et les peintres d'avant-garde. Cultivé et clairvoyant, il sut comprendre avec justesse leur talent et tenta de l'imposer dans un combat déchirant et solitaire. Contrairement à Vincent, il connut même le grand bonheur de vivre un amour exceptionnel, avec une femme admirable, son épouse, Johanna et de voir naître un fils, prénommé lui aussi Vincent.

Son existence brève et singulière, à la fois tragique et mélancolique mérite d'être connue.

Chapitre 1
Une enfance préservée (1857-1870)

Le destin de Theo van Gogh, le « plus que frère » de Vincent est lié à jamais à sa famille. Faire corps avec les siens : telle fut en toutes circonstances son unique ligne de conduite, bien souvent au prix de douloureux sacrifices et de nombreux renoncements.

Theodorus – dit – Theo voit le jour le premier mai de l'année 1857 à trois heures et demi, dans une famille calviniste de Groot Zundert, un village catholique de six mille âmes situé dans le Brabant septentrional, à la frontière néerlando-belge.

Son père, le pasteur Theodorus – Dorus pour la famille – officie à Zundert depuis huit ans. En 1851, il épousa, par les entremises de son frère Vincent – dit Cent –, Anna Cornelia Carbentus, la fille d'un maître-relieur de la cour, de deux ans et demi son aînée.

Ils forment un couple uni et amoureux.

Dans la tradition familiale, les Van Gogh[1] s'illustrent comme pasteurs ou marchands d'art. L'arrière

1. Le nom des Van Gogh proviendrait de la ville d'origine des fondateurs de cette famille, Goch, en territoire allemand, non loin de la frontière hollandaise. Ses descendants émigrés aux Pays-Bas semblent avoir évolué au sein de la noblesse locale.

grand-père et le grand-père de Theo, issus d'une lignée de tréfileurs d'or de La Haye, exercent le métier d'évangéliste. Trois de ses oncles paternels sont de riches marchands d'estampes et de tableaux.

Cinq ans avant la naissance de Theo, un drame bouleversa Dorus et Anna. Le 30 mars 1852, leur premier fils, prénommé Vincent, arrive au monde mort-né. Une année plus tard, jour pour jour exactement, après ce cruel événement, Anna accouchait d'un autre garçon. D'un commun accord, le pasteur et sa femme lui donnèrent le prénom de Vincent. En souvenir de leur premier enfant qui n'eut pas la chance de vivre et en hommage au père et au frère de Dorus. Lorsque Theo arrive, Vincent, né en 1853 et une fillette, Anna, née en 1855 partagent déjà leur paisible existence.

Dès le premier jour, un lien profond se tisse entre ce troisième enfant et sa mère. Aucune ombre funeste ne plane sur sa petite tête blonde. Contrairement à Vincent, que le destin a fait naître un jour de deuil, Theo ne réveille aucun souvenir douloureux. Intensément désiré, il est le fils que la famille attendait.

Vingt-six ans plus tard, Dorus lui écrira : « Comme nous aimons penser à ce jour où tu es venu au monde. C'était comme aujourd'hui. Des rayons de soleil extrêmement forts, un vent d'est très froid et le premier jour du mois de mai (...). Cher Theo, pour nous tu as été comme une fleur de printemps et que cela puisse durer longtemps[1]. »

Fier de cette nouvelle descendance, de ce garçon qui porte son prénom, Theodorus déclare personnellement

1. Lette inédite de Theodorus van Gogh à Theo, 29 avril 1883, b2243V/1982. Fondation Vincent van Gogh.

l'enfant à la mairie de Zundert. Et, dès le 21 mai suivant, il baptisera lui-même le petit Theo dans le temple local.

Après Theo, trois enfants viendront agrandir la famille du pasteur Van Gogh : Elisabeth (Lies), en 1859, Wilhelmina (Wil), en 1862 et Cornelius (Cor), le petit dernier, en 1867. Pa et Moe (comme les appelleront toujours les enfants) élèvent ce petit monde dans une petite demeure, située au cœur du bourg, dans la rue de la mairie et de l'église. Leurs six enfants égaient de leurs rires et de leurs jeux la vie du presbytère. Extérieurement irréprochables, ils évoluent dans un univers douillet, bien que fort modeste.

Anna et Dorus disposent de faibles revenus. Le traitement d'un prédicateur s'élève, en 1871, à 800 florins annuels. À ce salaire s'ajoute une allocation de 50 florins versée par la communauté réformée. Pour améliorer le quotidien, Anna vend parfois les fruits de son verger. Le train de vie des Van Gogh s'avère très simple. Cependant ils bénéficient d'un privilège non négligeable : la présence d'une servante et d'une gouvernante à domicile, distinction bien peu courante à la campagne, à cette époque.

Dans le village, la famille passe pour cultivée, serviable et respectable. Le révérend et sa femme jouissent d'une excellente réputation : la communauté – catholiques comme protestants – loue leurs qualités de cœur, leur disponibilité envers les plus démunis. Dorus, bel homme aux traits réguliers et à la voix douce parcourt régulièrement la paroisse de ferme en ferme pour se rendre au chevet des malades. Il passe également beaucoup de temps au presbytère pour étudier la Bible, qu'il apprend par cœur avant de la réciter à ses fidèles ou à ses fils. Humble prédicateur, il sert l'Église avec sincérité et dévotion. Cependant, il est un piètre orateur. Il lui faut beaucoup d'efforts et de concentration pour préparer le culte dominical. Personne n'est autorisé à le déranger pendant ses longs moments d'étude, isolé dans son bureau.

Après le travail, le « beau dominé [1] », ainsi surnommé par la communauté protestante, emmène chaque jour, pendant une heure au moins [2], sa femme et ses enfants pour une promenade à travers la campagne. Une forêt de pins et de talus recouverts de bruyère bordent le village. Aux alentours, des champs de seigle et de blé s'étirent à l'infini. La rivière attire les garçons, amateurs de parties de pêche. Pour un étranger, le paysage sablonneux, gris et revêche rime avec désolation. Pour Vincent et Theo, ces balades vivifiantes resteront toujours un enchantement. Ils conserveront cette habitude. Même très occupé, Theo s'évadera toujours pour de grandes marches dans la nature. Un esprit sain dans un corps sain, telle pourrait être la devise familiale.

En théologien digne de ce nom, Dorus s'occupe également de l'éducation religieuse de ses enfants. Deux tantes paternelles se chargent des leçons communes de catéchisme. Leur père leur inculque les trois vertus théologales de la religion chrétienne : la foi, l'espérance et la charité qu'il complète par le courage et la volonté. Grand lecteur, il les initie à la littérature, celle qui glorifie la foi ou présente une morale biblique. L'amour des livres,

1. « Dominé » est le nom donné aux pasteurs du Brabant.

2. B.J. STOKVIS, *Nasporingen omtrent Vincent van Gogh in Brabant*, S.L. Van Looy, Amsterdam, 1926.

transmis dès l'enfance, ne se tarira jamais durant toute leur vie.

De son côté, Moe assume naturellement les problèmes matériels et quotidiens d'une famille nombreuse. Digne malgré le manque d'argent, elle ne laisse pas transparaître les préoccupations financières. Elle fait confiance à Pa. Dans la distribution des rôles, son mari incarne l'autorité. Elle se réserve celui d'une conseillère et simple exécutante.

Cependant, comme toute femme de pasteur, Moe se manifeste comme l'auxiliaire de son mari. Elle s'applique à sa mission, passe beaucoup de temps à l'extérieur pour assister les plus faibles, ou collecter denrées et vêtements pour les pauvres, quelle que soit leur confession.

En outre, son comportement maternel n'est pas réservé à ses seuls enfants. Elle n'oublie jamais que sa religion recommande le partage ; elle ne manque pas de le leur rappeler et s'évertue à leur faire comprendre qu'il serait indécent de reprocher à leur mère de sortir souvent, alors que des malheureux ont besoin de sa présence. Si Moe incarne pour les gens du village l'altruisme et la disponibilité, elle reste pour ses enfants trop souvent absente.

Dotée d'une personnalité complexe, elle se caractérise par sa douceur. Pourtant, ses colères sont aussi soudaines que légendaires. Selon son entourage, c'est une femme d'un « commerce agréable [1] ». Ainsi sa douceur semble insidieuse, pernicieuse ; toute opposition est impossible, de peur de voir surgir cette célèbre colère. La dualité de son caractère ne manquera pas de poser quelques

1. B.J. STOKVIS, *op. cit.*

problèmes à ses fils, devenus adultes, dans leurs relations avec les femmes.

Après avoir vaqué à ses occupations bénévoles, Moe prend soin de ses enfants, leur inculque un goût profond pour la nature, le dessin et l'art de la correspondance. Ses fils en resteront imprégnés.

Heureusement la gouvernante prend le relais lorsque Moe se consacre à d'autres activités. Quatre jeunes femmes se sont succédé à ce poste, afin de prendre en main l'instruction élémentaire de Theo.

Tout semble concorder pour faire des premières années d'existence de Theo une enfance protégée, voire couvée. Contrairement à ses aînés – Vincent et Anna –, il n'est pas allé à l'école de Zundert. D'une part, l'instituteur, Jan Nicolaas Dirk, un alcoolique notoire, déplaît fortement à Dorus ; d'autre part, les risques d'influence des petits rustres ignorants et bagarreurs qui fréquentent cette classe dissuadent définitivement les parents d'y envoyer leurs enfants.

Les petits Van Gogh ne vivent pas pour autant à l'écart : des voisins ou les frères Honcoop, fils d'une servante restée dix-huit mois au service de la famille, viennent régulièrement jouer avec eux. Toutefois, les enfants du pasteur sont davantage choyés que leurs camarades, voire surprotégés. Ne pas les envoyer à l'école revient tout de même à les priver de l'apprentissage de la vie, à leur éviter une certaine promiscuité à laquelle ils seront tôt ou tard confrontés.

Physiquement, Theo est le portrait l'oncle Cent, le frère préféré de son père : des cheveux crantés et des yeux clairs adoucissent son visage émacié. Une photo montre un petit bonhomme au corps fin et au regard rieur. Rien ne laisse présager une santé fragile. D'après le témoignage d'une villageoise de Zundert, « Theo était plus fort, plus élancé et aussi plus bruyant et plus bavard que Vincent[1] ». Des caractéristiques physiques qui s'inverseront pendant l'adolescence.

C'est un enfant vif, mais sage. Rien à voir avec ces garnements à l'énergie débordante et quasiment impossible à canaliser ni avec ces saintes nitouches pour lesquelles secouer l'apathie relève de l'exploit. Si les membres de la famille voient en Vincent l'héritier des qualités de sa mère, ils retrouvent en Theo celles de son père : généreux, toujours prêt à rendre service, conciliant ; patient et timide également. Facile à vivre, sans faire transparaître un quelconque esprit de rébellion. Theo apaise. S'il subit une contrariété, s'il y a conflit, plutôt que de provoquer l'affrontement, il intériorise. Peut-être parfois à l'encontre de ses propres intérêts. Il tente de satisfaire tout le monde et de ne décevoir personne. Theo est la bonté incarnée.

Une chaleureuse fratrie

Chaque matin, Theo se réveille dans leur jolie maison de deux étages, à l'architecture typiquement hollandaise, entourée d'un jardin. Dans ses mémoires[2], Elisabeth, la cadette, se souvient avec tendresse des parterres de fleurs : soucis, résédas et géraniums rouge vif. Sur la pelouse, le linge séchait parfois, étendu à même le sol

1. B.J. STOKVIS, *op. cit.*
2. Elisabeth DU QUESNE-VAN GOGH, *Vincent van Gogh raconté par sa sœur*, Paris, Hazan, 1982.

pour blanchir au soleil. Dans un coin, des buissons de fruits des bois tentaient la gourmandise des six garnements. Elisabeth décrit aussi une belle entente au sein de la fratrie, à l'exception de l'attitude de Vincent, toujours un peu solitaire.

La maison n'étant pas très grande, les petits Van Gogh ont transformé le jardin en terrain de jeux. Les parties de glissades du haut d'une petite butte font partie de leurs activités favorites, ponctuées de cris de joie et de fous rires, comme on peut les connaître dans toutes les familles nombreuses. Elisabeth raconte avec force détails les promenades dans la campagne environnante, sous le regard protecteur des parents, toujours très attentifs : « Ne vous approchez pas trop de la rivière », recommandent-ils régulièrement.

À la naissance de Theo, Vincent a quatre ans. Comme bien des aînés, il éprouve un sentiment de tendresse mêlé de jalousie à l'encontre du nouveau-né. Mais entre Vincent et Theo se tisse rapidement un lien particulier. Selon l'analyse de Marc Edo Tralbaut[1], la naissance de Theo aurait partiellement débarrassé Vincent de son sentiment de culpabilité concernant la mort du premier bébé, qu'il aurait l'obscure impression d'avoir « remplacé », jusqu'à porter le même prénom. D'où une extrême gratitude pour ce frère, en quelque sorte libérateur. Ce sentiment est à l'origine de l'amitié exceptionnelle qui liera les deux frères leur vie durant. L'explication psychanalytique s'avère discutable, mais l'amour fraternel entre ces deux êtres est d'une intensité qui se vérifiera au fil des ans.

1. Marc Edo TRALBAUT, *Van Gogh, le mal aimé*, Lausanne, Edita, 1969.

Vraiment, Theo est né sous une bonne étoile ! Ses parents, ses frères et sœurs le comblent d'affection. Vincent le taquinera plus tard, le traitant de « veinard de Theo ».

Jouant son rôle d'aîné avec sérieux, Vincent prend le cadet sous son aile et l'initie à des jeux ou aux joies de la nature ; ensemble, ils construisent des remparts de sable.

Theo l'écoute et l'admire. Pour les deux frères, cette période d'enfance restera une référence de bonheur, une sorte de paradis perdu, indissociable de l'insouciance enfantine. Un jour de souffrance aiguë, Vincent rappellera à Theo : « Pendant ma maladie, j'ai revu chaque chambre de la maison à Zundert, chaque sentier, chaque plante dans le jardin, les aspects d'alentour, les champs, les voisins, le cimetière, l'église, notre jardin potager derrière – jusqu'au nid de pie dans un haut acacia dans le cimetière [1]. » Et une autre fois : « Oh, ce Zundert, y penser me semble parfois presque insupportable [2] ».

Première séparation

Le 1er octobre 1864, Theo est séparé pour la première fois de son frère préféré. Vincent est envoyé à Zevenbergen, dans le pensionnat dirigé par Jean Provily. Le plus jeune envie l'aîné qui va faire un beau voyage en diligence, accompagné de Pa. Theo regarde s'éloigner son frère qui vit un véritable cauchemar à l'idée de la longue séparation d'avec sa famille.

1. Vincent VAN GOGH, *Correspondance générale*, 3, Paris, Gallimard, Collection Biblos, 1990, 573 F.
2. *Ibid.*, Lettre 11 N.

Theo n'a que sept ans et les leçons à domicile l'occupent une bonne partie de la journée. Moe lui dispense ses précieux conseils, l'encourage et le dorlote. Il est désormais le seul garçon à la maison [1]. Le petit prince de ces dames ! Car il se retrouve, toute la journée, confiné dans un univers presque exclusivement féminin. Évidemment, jouer avec deux petites sœurs est moins drôle qu'avec un grand frère inventif et débrouillard ! Moe et la gouvernante tentent, tant bien que mal, de combler le vide. Mais son frère lui manque. Pour les vacances de Noël, Vincent est autorisé à passer les fêtes en famille. Tous se réjouissent d'être réunis le temps de quelques congés scolaires et les deux frères retrouvent leur affectueuse complicité.

Pour la rentrée de 1866, Vincent est inscrit à l'institut Hannik de Tilburg. Après ses études élémentaires, il suit désormais les cours de l'école secondaire royale Guillaume II – souverain de Hollande. Theo a fini par s'habituer à l'éloignement de son frère. Il ressent son absence, mais son chagrin ne peut se comparer à celui de l'aîné : Vincent éprouve une véritable déchirure ; il souffre de cette privation comme d'un châtiment immérité. Comme tout enfant de cet âge, il comprend mal les décisions parentales et discerne difficilement ce qui est bon pour son avenir ; alors que Theo connaît seulement une tristesse passagère, bien vite oubliée dans le réconfort des bras maternels.

Et pourtant, l'aîné jouit de privilèges dont ses frères et sœurs, pour des raisons financières, ne bénéficieront pas. Les efforts entrepris pour instruire Vincent ne seront pas renouvelés lorsque viendra le tour de Theo. Les parents

1. Son frère cadet, Cornelius Vincent (dit Cor) naîtra en 1867.

Van Gogh misent beaucoup sur les études de Vincent, sur sa future réussite, peut-être avec l'espoir de tenter de compenser leur vie médiocre.

Mais un incident irrémédiable se produit au beau milieu de l'année 1868 : curieusement, Vincent revient à Zundert sans avoir terminé son dernier trimestre scolaire. Les biographes du peintre se sont penchés sur la question sans jamais élucider la cause de ce retour prématuré. Ni l'hypothèse de mauvais résultats, ni celle d'un comportement problématique ou du manque d'argent des parents n'est considérée comme pertinente.

Il n'empêche que Vincent rentre à la maison et que personne ne se charge d'organiser intelligemment ses journées. Moe est surchargée par mille activités et Vincent reste oisif du matin au soir.

Pendant ce temps, Theo poursuit ses cours au presbytère. Il a des obligations et ne peut s'échapper pour tenir compagnie à son frère. Il se contente de l'observer, errant sans but. La différence d'âge se fait sentir, plus que par le passé : à onze ans, Theo est encore un enfant ; à quinze ans, Vincent connaît les tourments de l'adolescence. Le malaise va durer un an.

Vincent arrive en âge de travailler. Il devient impératif de lui trouver un emploi. Ainsi pourra-t-il aider sa famille, ou du moins, la soulager d'une partie de son fardeau. Les temps sont difficiles pour élever et nourrir six enfants.

Cette gêne financière n'est pas nouvelle. Au regard du reste de la famille, Dorus passe pour un miséreux. Il se contente des modestes revenus alloués à un simple prédicateur de province. Le parent pauvre de la famille a choisi une vie tranquille et laborieuse, sans fastes ni grandes responsabilités. Encore faut-il assurer le quotidien.

Dorus a toujours vécu dans un univers de contemplation, coupé des réalités de la vie réelle. Le monde extérieur ne retient pas son attention. Pas plus la mort du souverain néerlandais, Guillaume II, en 1849, que la cascade des révolutions secouant le royaume ; ou encore la querelle religieuse et scolaire qui divise le pays. Même l'abolition de l'esclavage – en 1860 – ne semble pas le concerner. Les Van Gogh vivent en vase clos, entre enfants, paroisse, famille.

Heureusement, l'oncle Cent est là. Ayant réussi dans le commerce des œuvres d'art, il aide matériellement son frère Dorus. Sans enfant, il voue une affection paternaliste à ses neveux. Theo et sa fratrie ressentent avec malaise les manières condescendantes de leur riche oncle à l'égard de leur père, qu'ils admirent. La gêne les humilie tout comme l'attitude dépendante dont Dorus fait preuve vis-à-vis des siens et particulièrement envers Cent. Certes, il ne quémande rien. Mais l'infériorité financière de son père n'échappe pas au petit Theo, heurtant sa sensibilité.

L'oncle Cent trouve une solution pour faire travailler Vincent : fatigué, le vieux marchand pense depuis quelques temps déjà à se retirer des affaires. Il a donc cédé sa galerie de La Haye à son associé parisien, Goupil, célèbre marchand de tableaux. Son rêve serait que son neveu reprenne le flambeau. Bien entendu, Vincent commencerait au bas de l'échelle, en tant que simple apprenti, comme tous les employés de « Goupil & Cie, successeurs. Ancienne maison Van Gogh ». Rapidement l'accord est conclu, à la satisfaction de tous.

Quant à Dorus, il envisage de déménager avec sa famille pour Helvoirt, une autre commune du Brabant. Après vingt ans de bons et loyaux services à Zundert, Pa a reçu cette proposition de mutation. Curieusement, la nomination ne représente pas une promotion, bien que les émoluments du pasteur soient plus élevés. Dorus accepte, car les dépenses vont augmenter : il va falloir envoyer Anna et Theo au collège et payer l'allocation de dispense pour éviter aux garçons l'obligation militaire.

Le 29 janvier 1871, devant ses fidèles visiblement émus, Dorus prêche son dernier sermon. La population regrette déjà son « beau révérend ».

L'heure de préparer les bagages a sonné et les Van Gogh font leurs adieux à la communauté de Zundert. La page de l'enfance se tourne pour Theo.

Chapitre 2

Une adolescence sacrifiée (1871-1878)

Le 31 janvier, Dorus emménage avec femme, enfants et gouvernante dans le presbytère d'Helvoirt. Une nouvelle maison entourée d'un jardin et d'un petit verger-potager, blanchis par les gelées hivernales, les accueille. En peu de temps, la famille réussit à déballer ses malles, à insuffler un soupçon de vie et de chaleur à cette triste demeure, et à y trouver ses repères avant l'intronisation officielle. Dorus prépare avec appréhension son entrée en scène.

Le 5 février, l'événement tant attendu a lieu. La communauté protestante du village, tout endimanchée pour l'occasion, se presse pour aller découvrir le nouveau pasteur et, accessoirement, écouter son prêche. L'auditoire paraît conquis. La suite des événements le confirmera. À l'arrivée de Dorus, sa paroisse ne compte qu'une soixantaine de fidèles et le pauvre temple d'Helvoirt se trouve dans un si piteux état qu'il se verra contraint d'adresser au Comité synodal de l'Église réformée de Hollande une demande de fonds spécial pour restauration. Les travaux débuteront cahin-caha en septembre de l'année suivante, juste à temps pour éviter que le bâtiment ne s'écroule. À la grande joie du pasteur et de sa femme, le nombre de pratiquants augmente régulièrement. Grâce au dévouement des Van Gogh, la vie religieuse s'anime. Il est vrai que le révérend et les siens ne ménagent aucun effort pour se faire apprécier des paroissiens. Moe prend l'initiative de créer une école de couture et de tricot. Theo s'investit, lui aussi, dans des œuvres de charité. Il visite régulièrement l'orphelinat de Buren où il se lie d'amitié avec une jeune pensionnaire [1].

Cependant, il est très pris par les cours de français, d'anglais, d'allemand, de mathématiques et de dessin qu'il suit à Oisterwijk, une commune voisine. Pour la première fois, Ted – comme le surnomment les enfants du village [2] – fréquente un établissement scolaire. Il s'agit d'une école privée – internat et externat – réservée à des élèves exclusivement protestants, créée en 1862 et dirigée par Cornelis Adriaan Heintz. Pour s'y rendre chaque jour, Theo effectue deux heures de marche à pied, en compagnie de son camarade Constant. En chemin, ils retrouvent leur ami commun Arnold Holleman.

Quand arrivent les vacances estivales, Theo s'impatiente à l'idée de retrouver Vincent, heureux, lui aussi, de quitter La Haye, la galerie Goupil et ses amis, afin de passer ses congés avec sa famille. Il brûle d'écouter les impressions de son aîné sur la vie que l'on mène en ville. Sera-t-il toujours le même après ces longs mois de séparation ? La connivence entre les deux frères se rétablit immédiatement. Comme autrefois, ils font bande à part, se promenant de longues heures à travers la campagne. Quand, à la fin du mois d'août, Vincent repart pour

1. Dont Moe lui donnera des nouvelles dans une lettre inédite du 9 janvier 1873, b2593V/1982.

2. B.J. STOKVIS, *op. cit.*

La Haye, il est convenu que Theo l'accompagnera et restera pendant quelques jours avec son frère. Pour la première fois, Vincent et Theo se retrouvent seuls en dehors du giron familial. Tous deux sont très excités à l'idée de ce tête-à-tête fraternel. Theo partage la chambre de Vincent, chez les Roos, une bonne pension située à quelques minutes à peine du centre ville.

Vincent en impose à son frère. Physiquement, il est fort et solide comme un roc ; alors que Theo, mince et longiligne, paraît chétif. L'aîné joue le mentor et se complaît parfaitement dans son rôle, un soupçon « au-dessus » du cadet. À cette époque, il affiche un aplomb à toute épreuve, alors que Theo appartient déjà au type du rêveur contrarié. Il écoute les conseils et admire le savoir de son frère. Sans mot dire.

Un après-midi, ils entament une randonnée vers les faubourgs extérieurs de la ville. Surpris par la pluie, ils arrivent trempés au moulin de Rijswik, y trouvent refuge et avalent avec délectation un verre de lait. Dans la magie de l'instant, ils se jurent d'être toujours présents l'un pour l'autre. Quelles que soient les circonstances ou la distance qui les sépare. Ce serment scelle leur amitié pour l'éternité. Jamais ils ne l'oublieront ! Dans les lettres de Vincent, cette référence revient comme un moment exceptionnel : « Cette route de Rijswijk évoque pour moi des souvenirs qui sont peut-être les plus merveilleux que je connaisse [1]. » Pour s'assurer que ce moment intime ne s'échappera jamais de la mémoire de Theo, il lui fera parvenir une reproduction du moulin peint par Weissenbruch, et l'exhortera souvent à entretenir et développer ce sentiment qui les lie.

1. Lettre de Vincent à Theo, 10 N.

Theo rentre à Helvoirt la tête pleine d'images de son séjour. Il écrit à son frère pour le remercier de ces journées magnifiques. Vincent lui répond : « ... Je suis content de savoir que tu es de nouveau bien arrivé. Les premiers jours, tu m'as beaucoup manqué, je trouvais tout drôle de ne pas te voir, quand je rentrais à midi [1]. »

Ainsi débute l'extraordinaire correspondance entre les deux frères, que seule la mort interrompra. Theo, à partir de ce jour du mois d'août 1872, conservera chaque lettre de son frère comme une relique. En revanche les premières lettres de Theo à son frère n'ont pas été retrouvées, à l'exception de celle du 7 septembre 1875, au verso de laquelle Vincent a répondu.

La vie reprend son cours habituel. Chaque jour, jusqu'en décembre, les cours, les devoirs, les obligations pastorales et, surtout, la pénible route d'Oisterwijk. Vincent plaint son frère d'avoir à endurer un trajet quotidien si long dans la neige et le froid.

Pour Noël, la joyeuse cellule familiale se reconstitue à Helvoirt. Moe se charge du sapin et des décorations qui, cette année encore, enchanteront tous les jeunes enfants du village. Toutefois, l'ambiance est moins légère qu'à l'accoutumée. Un parfum de nostalgie flotte dans la maison : après les fêtes, Theo va partir.

En effet, pour le couple Van Gogh les difficultés financières s'accumulent. En plus des leçons de Theo, le pasteur paye pour Anna des cours de langues étrangères à Leeuwarden, dans l'établissement de Mlle Plaat. Il doit prévoir également une dépense extraordinaire de

1. Lettre de Vincent à Theo, 1 N.

625 florins[1] pour éviter à ses trois fils l'expérience d'un service militaire dangereux par ces temps incertains. Une somme astronomique en regard des revenus du ménage. Theo, à quinze ans, se trouve dans l'obligation de travailler. L'oncle Cent est aussitôt sollicité. Encouragé par les compliments du directeur de la galerie à l'égard de Vincent, il est heureux de faire engager Theo dans la même firme.

L'oncle Cent et le commerce de l'art

L'oncle Cent a deux ans de plus que Dorus. Les deux frères ont resserré leurs liens affectifs en épousant deux sœurs. Malheureusement, le couple est resté sans enfant ; il reporte donc son affection sur les neveux et nièces et les gâte à la moindre occasion.

Cent, de santé fragile, a contracté à douze ans la scarlatine dont les complications lui ont laissé des séquelles persistantes : il souffre, entre autres, de migraines aiguës. Ce mauvais état physique ne l'a pas empêché de travailler, mais l'a considérablement gêné dans sa vie privée et durant sa carrière.

Dans l'impossibilité de suivre des cours régulièrement, il a tenté une première fois de travailler dans un bureau à Rotterdam, mais sa faiblesse l'a rapidement contraint à abandonner. Quelques années plus tard, le cousin Hendrik van der Brugh, propriétaire d'un magasin de fournitures pour artistes à La Haye, l'a embauché comme assistant. Cent a rapidement fait ses preuves, à

1. Lettre inédite de Pa à Theo, 19 février 1873, b2604V/1982. Fondation Vincent van Gogh.

tel point qu'il prendra la succession de son parent, deux ans après, transférant la boutique dans un quartier plus commerçant, sur la Spuistraat. Puis ses clients – pour la plupart, des artistes – lui ont donné l'idée de se lancer parallèlement dans la vente de leurs œuvres. Au fil des années, Cent s'est forgé une réputation de connaisseur et d'homme d'affaires. En 1846, il a effectué son premier voyage à Paris, afin de se tenir au courant de l'actualité artistique. Dès 1851, le nom de Van Gogh figure dans les livres de comptes de la galerie Goupil, à Paris, entreprise spécialisée dans la reproduction des tableaux, estampes des grands maîtres anciens et des artistes de l'époque exposés dans les grands Salons.

Marchand d'art respecté, Cent est sollicité par la firme française pour une association, qu'il signe en 1861 ; il s'installe à Paris, d'abord rue Chaptal, puis dans un imposant hôtel particulier, à Neuilly. Son frère Hendrik – l'oncle Hein – se charge de la galerie de La Haye, qui, au fil des ans, deviendra la succursale hollandaise de Goupil. Les relations commerciales entre les galeries parisienne et hollandaise enregistrent un essor exceptionnel. Sur les conseils de Cent, Goupil produit en masse des gravures d'après peinture qui connaissent un franc succès. À tel point que Cent sera décoré de l'ordre néerlandais de la Couronne de chêne.

En 1871, à cinquante-et-un ans, épuisé par la maladie, Cent van Gogh démissionne de Goupil & Cie, à Paris. Après dix ans d'association fructueuse (1861-1871), il poursuit sa collaboration avec la firme française comme commandataire. Au moment de faire embaucher Theo dans le commerce de l'art, il entretient toujours d'excellentes relations avec le vieil Adolphe Goupil, qui passe, lui aussi, progressivement le flambeau à deux autres associés : Léon Boussod et son gendre, René Valadon.

Bien que la firme devienne « Goupil – Boussod et Valadon successeurs », elle reste toujours Goupil dans le milieu artistique.

Vincent étant employé à La Haye, il paraît peu indiqué d'engager son jeune frère dans la même succursale. En outre, Theo n'a jamais quitté le toit paternel et ses parents souhaitent limiter l'éloignement. Finalement, il est placé à Bruxelles, dans la galerie qu'a autrefois dirigée l'oncle Hein.

À nous deux, Bruxelles

L'oncle Hein – Hendrik Vincent van Gogh (1814-1877) – a commencé sa carrière comme libraire. Il s'est marié une première fois avec Johanna Samuelle de Geus, qui lui a donné, en 1838, une fille : Elisabeth Huberta. Malheureusement, sa femme est décédée, un an après. En 1841, il a épousé Maria Boon en secondes noces. Mais Hein est tombé malade : il souffre d'un mal chronique qui le torturera jusqu'à la fin de ses jours. C'est pourquoi, à partir de 1858, il a laissé son jeune associé diriger seul leur affaire, pour collaborer avec son frère Cent à La Haye. Puis il a décidé d'ouvrir à Bruxelles sa propre galerie qu'il vient de céder, toujours pour des raisons de santé, à Goupil, en 1872, juste avant l'arrivée de son neveu Theo.

Lorsque, le 6 janvier, Theo se présente pour son premier jour de travail à la galerie bruxelloise, celle-ci est dirigée par M. V. Schmidt, que Vincent connaît : « Je tiens Schmidt pour le meilleur garçon du monde ; il te mettra bien au courant [1] ».

La galerie Goupil de Bruxelles est située au 58, rue de la Montagne-de-la-Cour. Non loin, au numéro 55, est également installé le marchand d'art Bernheim. Ce dernier connaît des jours meilleurs que ses concurrents : les firmes françaises ne parviennent pas à réussir durablement en Belgique. Goupil fermera en 1880 tout comme Durand-Ruel, qui n'a résisté qu'un an (1872-1873). Une raison essentielle explique ces échecs : les riches Bruxellois, amateurs de peinture, se fournissent à Paris, où ils résident une partie de l'année. À cette époque, la capitale belge n'a pas l'auréole impériale de Paris. Elle a conservé des allures provinciales, même si une politique urbaine de rénovation a engagé des travaux colossaux afin de lui conférer une stature internationale. Le vieux Bruxelles délabré disparaît tout comme les relents nauséabonds de la Senne, rivière qui, désormais, sera voûtée. Quelle découverte toutefois pour le fils de pasteur brabançon, élevé à la campagne !

La Belgique, jeune État né en 1830 d'une révolution fomentée par la bourgeoisie francophone et catholique contre l'hégémonie hollandaise des Orange-Nassau et leur cour protestante, est considérée comme l'une des nations les plus prospères d'Europe. Dans Bruxelles, l'eau à domicile a été installée en 1854, le réseau d'égouts construit entre 1840 et 1870 et les grands boulevards – certes, inspirés par l'esprit haussmannien – terminés en 1871.

1. Lettre de Vincent à Theo, 3 N.

Le roi Léopold II manifeste un réel désir de modernisation et de rayonnement pour la capitale de son royaume. Le centre ville s'anime, la vie culturelle est encouragée dans tous les domaines. Des sculpteurs français, tels Carrier-Belleuse et Rodin, sont sollicités pour décorer la façade du Conservatoire royal de musique, à partir de 1872.

Theo arrive donc à Bruxelles dans une ambiance où règne la création. Sur le plan artistique, les années soixante du XIXe siècle ont vu l'émergence d'une nouvelle génération de peintres, en rupture avec les ténors académiques. La Société libre des beaux-arts se bat pour imposer sa perception réaliste. Son ambition se résume en une formule « l'interprétation libre et individuelle de la nature [1]. » Elle rallie la majorité des « peintres paysagistes influencés par l'école de Barbizon et les réalistes sociaux », tels Edmond Lambrichs, Eugène Smits, Alfred Verwée, Charles De Groux, Félicien Rops, Louis Dubois, Louis Artan et Constantin Meunier. Elle organise des expositions des toiles de Courbet, Daubigny, Millet et Rousseau. Une revue, *l'Art libre,* diffuse, dès 1872, les idées de cette avant-garde. La galerie Goupil de Bruxelles expose donc non seulement les peintres de la maison mère, mais encore les artistes du cru.

Theo est ébloui ! Il découvre la peinture comme on entre en religion. Il s'en imprègne avec ferveur et rien ne compte davantage pour lui. Il veut tout comprendre, l'art et les artistes. Modestement et passionnément, selon son caractère. Chez lui, ces deux caractéristiques ne s'annulent pas, elles se complètent. Il ressent avec passion, mais s'exprime avec réserve, à l'instar de tous les grands

1. In *Journal des Beaux-Arts et de la littérature,* Bruxelles, 31 janvier 1869.

timides. Manquant de confiance en lui, sans assurance, mais toujours avec ferveur. Theo n'est pas un sensuel, plutôt un sensitif. Jamais il ne se montrera démonstratif, ce qui ne l'empêche ni de voir ni de percevoir avec une extrême finesse. Vincent, en guide expérimenté, l'encourage à découvrir les œuvres dans les musées. Il est si content que son confident soit lui « aussi occupé dans la même partie [1]. » Cette nouvelle situation rapproche encore davantage les deux frères qui peuvent désormais s'entretenir de leur passion commune et amorcer une véritable réflexion épistolaire sur l'art. Theo est captivé par les tableaux d'un certain Cluysenaer et ceux du célèbre Alfred Stevens. Peintre d'origine belge, ami de Manet, Stevens vit à Paris. Si ses scènes réalistes de la pauvreté ne font pas recette, ses portraits de femmes raffinées du Second Empire le conduisent à la gloire.

Les différentes galeries Goupil travaillent en étroite collaboration, ce qui permet à Vincent et à Theo de s'échanger des documents par le biais des caisses de tableaux transportées de Bruxelles à La Haye et vice versa. Dans sa correspondance, Vincent demande à son frère des renseignements d'ordre professionnel : si la galerie de Bruxelles dispose encore de l'album Corot par Vernier, ou si Theo peut le tenir informé des nouveautés dans le domaine des eaux-fortes et des lithographies, car ce ne sont pas les spécialités de sa succursale.

Theo espère aussi obtenir des explications sur les techniques, par exemple la photogravure. Ces détails prouvent avec quelle ardeur il s'intéresse à son métier. Il se montre un apprenti curieux et zélé, captivé par son travail, patient et dévoué, à l'image du jeune homme qu'il

1. Lettre de Vincent à Theo, 3 N.

est dans la vie. Dès les premiers jours, son caractère séduit Schmidt, qui se charge de son apprentissage et l'encourage.

Bien que Pa ait fait le voyage pour l'installer, les débuts de Theo n'ont certainement pas été faciles. Le père écrit à son fils pour le réconforter, dès le 3 janvier, sur le chemin du retour, depuis Breda, où il s'est arrêté pour rendre visite au grand-père Van Gogh, très malade.

Theo loge dans une bonne pension située dans le centre ville, rue du Marché-aux-herbes, à quelques minutes de son lieu de travail. Ses hôtes, les Van der Brink, un pasteur et sa femme, qui lui donnent des leçons de catéchisme, sont probablement des connaissances de l'oncle Hein. Ce dernier, souvent malade, ne peut prendre soin de son neveu comme il le souhaiterait. Sans rancune, mais sans enthousiasme, Theo lui rend parfois visite durant son temps libre ; mais il préfère marcher pendant de longues heures dans les *allées du Bois*, extrêmement prisées par les Bruxellois pour leurs promenades dominicales.

Sa mère lui écrit souvent de longues lettres très tendres. Chaque courrier rappelle à Theo, entre les nouvelles locales et l'immanquable couplet sur l'importance de la foi, combien ses parents sont heureux qu'il suive une nouvelle voie et combien il leur manque.

« Ici, c'est très bizarre. On te trouve présent partout, toute la journée. Tout le monde parle de toi [1] », lui avoue sa Moe. Et Pa insiste : « Nous n'arrêtons pas de penser à

1. Lettre inédite de Moe à Theo, 9 janvier 1873, b2593V/1982. Fondation Vincent van Gogh.

toi et ça nous fait bizarre que tu sois parti[1]. » Tous deux s'adressent à lui comme à un enfant projeté trop vite dans un monde d'adultes. Pour Vincent, les choses se sont passées différemment : il a progressivement franchi les étapes – les pensionnats, les collèges – où les adolescents apprennent à vivre en société. Leur choix de sevrer Theo plus brutalement que son frère ne va pas sans un soupçon de culpabilité. Aussi, l'entourent-ils du mieux qu'ils peuvent.

Theo finit par bien s'habituer dans le « joli Bruxelles », comme dit son frère. Mieux, il s'y plaît ! Il perfectionne son français. Sa mère l'incite à souvent parler cette langue, « ... comme cela, sans t'en rendre compte, tu l'apprends aussi bien que le néerlandais. Et sans que cela te coûte quoi que ce soit[2]. »

Le souci d'argent reste constamment présent dans les lettres des parents. Ils apprécient que Vincent gagne sa vie et en fasse profiter sa famille. « Il (Vincent) donne le bon exemple aux autres. J'aimerais bien savoir comment ça ira à la fin du mois, et si tu vas recevoir quelque chose[3] », se renseigne Pa. Aussi sa joie éclate-t-elle lorsque Theo reçoit sa première paye. « Comme c'est magnifique, maintenant que tu travailles pour toi-même. Tu peux être utile et indépendant ! Ça doit te procurer un sentiment agréable de recevoir tes premiers trente francs en guise de salaire. Ainsi tu peux nous aider... De sorte que j'ai seulement à payer cinquante francs au lieu de quatre-vingts tous les mois. Tu peux

1. *Ibid*, long post-scriptum de Pa.
2. *Ibid.*
3. Lettre inédite de Pa à Theo, 24 janvier 1873, b2596V/1982. Fondation Vincent van Gogh.

imaginer qu'en ce moment ce n'est pas facile pour nous[1]. » Il en profite pour énumérer les dépenses du ménage, depuis la pension d'Anna (200 florins) jusqu'aux menus frais quotidiens (25 florins), en ajoutant que ses émoluments n'y suffisent pas et qu'il se retrouve dans l'obligation de vendre des objets personnels. Theo ne peut décevoir sa famille. Il doit impérativement aider les siens, qui le considèrent comme leur providence. À cet effet, il s'applique dans son travail. Il s'entend bien avec M. Schmidt, qu'il remplace brillamment pendant ses vacances.

Cependant, son séjour à Bruxelles s'achève en novembre. En effet, quand Vincent est muté à Londres, en mai 1873, Pa obtient de l'oncle Cent que Theo prenne sa place à La Haye. Un avenir prometteur s'ouvre à lui.

Theo est effondré par cette nouvelle. Finalement, il se plaisait bien dans la capitale belge. L'ambiance d'une grande ville à visage humain, le bouillonnement artistique de ce carrefour entre le Nord et le Sud lui convenaient ; en outre, il s'est fait des amis, rencontrés dans une association de jeunes. Vincent comprend sa déception.

La galerie à La Haye

Theo arrive à La Haye le 12 novembre avec en poche une excellente lettre de recommandation de son employeur[2]. Son bref séjour auprès de Vincent, en

1. Lettre inédite de Pa à Theo, 19 février 1873.
2. *Verzamelde Brieven van Vincent van Gogh*, Amsterdam, 1973, nº T.43.

août 1872, l'a familiarisé avec cette ville. À cette époque, la capitale du royaume est une charmante cité entourée de bois. Calme et élégante, elle accueille un noyau d'intellectuels et d'artistes.

Il loge, tout comme l'avait fait Vincent, chez les Roos, une famille agréable, bourgeoise, mais dépourvue de toute prétention intellectuelle, au 32 Bestenmarkt, un petit quartier calme, non loin du centre ville. Le loyer est raisonnable.

Une partie de la famille de Theo réside à La Haye, Moe en étant originaire. Sa tante Fie – qui a épousé le frère de Moe, Arie Carbentus – et ses trois filles le reçoivent régulièrement. Mais ses véritables amies sont Annette et Caroline Haanebeek, des cousines par alliance. Selon l'historien Elly Cassee [1], dès leur adolescence, Vincent aurait été secrètement amoureux de Caroline et Theo d'Annette. Lors de leur fameuse promenade au moulin de Rijswijk, les deux frères auraient échangé des confidences concernant leurs sentiments mutuels à l'égard des deux sœurs. Conditionnés par l'exemple de leurs parents – deux frères ayant épousé deux sœurs –, ils s'imaginaient « frères au double sens du mot ». Mais il s'agit d'amours fantasmées, juvéniles et platoniques ; d'ailleurs, Caroline a épousé Willem van Stockum, le 30 avril 1871.

Theo rencontre souvent Annette, ses parents et le jeune couple. Avec eux, il peut avoir des conversations un peu plus intellectuelles qu'avec les Roos, ses logeurs.

Il est très occupé sur le plan professionnel. Son travail à la galerie Goupil l'occupe pleinement. Dès son arrivée, son nouvel employeur, M. Tersteeg, lui confie une

1. In *Journal 1996*, Amsterdam, Van Gogh Museum, 1997.

« commission à Utrecht [1] ». Son père lui avoue à ce sujet : « Je te souhaite de repartir encore en voyage et de revenir dans notre coin [2]. » Comme convenu, Theo occupe plus ou moins la place de commis laissée vacante par Vincent. Ce dernier avait, en plus, la charge du département des reproductions photographiques. Dans une lettre à Theo, il affirmait vendre jusqu'à cent unités par jour. Les premiers temps, le travail de commis est polyvalent : emballer et déballer des toiles, préparer des commandes, parfois renseigner un client... Theo apprend le métier et découvre de véritables œuvres d'art, encore imprégnées d'odeurs de térébenthine et de vernis frais, tout droit sorties des ateliers d'artistes.

Theo travaille sous les ordres de Hermanus Gijsbertus Tersteeg, un directeur de vingt-huit ans, qui a fait ses preuves comme importateur de livres anglais à Amsterdam avant d'être repéré par l'oncle Cent. Ce brillant jeune homme – lecteur passionné – a été libraire et conférencier avant d'embrasser une carrière prometteuse dans le commerce de l'art. Theo, en tant que neveu de l'oncle Cent et frère de Vincent, jouit de sa bienveillance. Tersteeg, sa femme et leur fille, la petite Betsy, vivent dans un appartement situé au-dessus de la galerie. Il invite ses employés à venir l'y saluer, et Vincent encourage son frère à s'y rendre, mais Theo n'ose pas. Paralysé par sa maudite timidité, il ne se sent pas à l'aise en terrain étranger.

1. Lettre inédite de Moe à Theo, 15 novembre 1873, b2673V/1982. Fondation Vincent van Gogh.

2. Lettre inédite de Pa à Theo, 15 novembre 1873, b2673V/1982. Fondation Vincent van Gogh.

À seize ans, c'est encore un jeune homme discret – même effacé – et simple, sur lequel pèsent toujours les recommandations et les ambitions de ses parents. Ceux-ci tiennent à ce qu'il fasse bonne impression. À plusieurs reprises, ils lui rappellent cet impératif : « Prends soin de porter de beaux vêtements, surtout à la galerie. Tu ne pourras jamais faire assez attention à cela. Nous pouvons t'aider si tu as besoin de quelque chose. Il faut toujours être un gentleman et non un serviteur [1]. » Ils rêvent de faire de leur Theo un homme socialement respecté et admiré, à l'image de l'oncle Cent et des riches clients de la galerie.

La succursale Goupil est fréquentée, il est vrai, par des amateurs d'art fortunés et élégants, qui attendent un accueil correspondant à leur standing. Une photographie des salons en enfilade révèle un décor cossu et feutré : des canapés en velours, de lourds rideaux, des vitrines précieuses et quelques tableaux encadrés avec ostentation ornent les murs. Theo conscient de son privilège se sent fier de travailler dans un tel cadre, qui lui permet d'admirer et de rencontrer les artistes en vogue, parmi lesquels Maris et Mauve. Vincent, lui, a un goût très diversifié ; il en dresse une liste hétéroclite digne d'un catalogue d'inventaire [2].

Les choix de Theo, dès ces premières années d'apprentissage, paraissent plus réfléchis que ceux de son frère. Il exerce patiemment son œil et complète assidûment sa formation dans les revues et les livres d'art, dans les musées voisins, tel le Mauristhuis et ses collections de

---

1. Lettre inédite de Pa à Theo, 11 août 1875, b2352V/1982. Fondation Vincent van Gogh.

2. Lettre de Vincent à Theo, janvier 1874, 13 N.

Bruegel, Rembrandt, Rubens, Van Ruysdael, Vermeer... Vincent le complimente : « Je sais que l'on est content de toi dans l'affaire ; je l'ai appris par M. Tersteeg. Ta lettre prouve que tu t'intéresses aux beaux-arts de tout ton cœur (...) Je suis content que tu aimes Millet, Jacque, Schreyer, Lambinet, Frans Hals, etc. [1]. »

Ce dernier appartient à l'École de La Haye, qui fait, entre autres, la réputation de la galerie. Un observateur extérieur, à propos des meilleurs marchands d'art des Pays-Bas commente : « Je dois honnêtement noter que Goupil, en la personne de son directeur, M. Tersteeg, m'a fait la moins bonne impression – le jugement de Van Wisselingh [2] était plus sûr ; celui de Cor van Gogh [3] plus raffiné. Néanmoins, par ses actes et son activité, l'affaire Goupil et Cie à La Haye est d'une plus grande importance pour l'histoire de l'École de La Haye [4]. »

Ce courant, dont Johannes Bosboom est le fondateur, et Josef Israëls le chef de file, depuis le début des années soixante-dix, renouvelle en Hollande la conception du paysage. Formés à Paris ou à Bruxelles, plusieurs peintres du groupe – Mesdag, Mauve et Jacobus Maris – ont planté leur chevalet à Scheveningen, station balnéaire connue. Le meilleur du groupe, Hendrik Weissenbruch, consacre son talent à des vues urbaines ou rustiques, en soignant minutieusement le détail avant

1. *Ibid.*
2. Excellent marchand installé à Amsterdam.
3. Il s'agit de Cornelius Marinus van Gogh, l'oncle de Vincent et de Theo, directeur d'une galerie portant le même nom, à Amsterdam.
4. Opinion d'Albert Plasschaert (1917), citée par John Sillevis, Ronald de Leeuw, Charles Dumas. – *L'École de La Haye – Les maîtres hollandais du XIXe siècle*, Paris, Grand Palais, 1983, p. 131.

1875, puis en privilégiant la simplicité et la rapidité de touche, après cette date.

À l'instar de l'oncle Cent, Tersteeg réussit à attirer de nombreux artistes, les liant par contrat à la galerie. La reine elle-même ainsi que les grands collectionneurs néerlandais viennent chez lui commander les créations de ces peintres qui connaissent un certain succès. Les artistes de la région fréquentent la galerie pour y découvrir ou y revoir les maîtres de l'École de Barbizon. Vincent et Theo ont l'occasion de côtoyer Anton Mauve, fasciné par l'œuvre de Millet grâce aux reproductions en vente chez Goupil. Ce peintre entrera dans la famille le 26 novembre 1874, en épousant la cousine des deux frères Ariëtte Sophia Jeannette Carbentus, dite Jet. Theo est chargé par Pa et Moe de trouver le cadeau de mariage.

Financièrement, Theo se débrouille bien ; ses débuts sont prometteurs et il gagne honorablement sa vie, même si son salaire ne lui permet pas encore d'être indépendant. Son père le rassure : « S'il te manque quelque chose une fois ton salaire utilisé, j'ajouterai le complément pour tes dépenses. (...) Tu sais qu'il faut être économe et toujours réfléchir avant de dépenser, mais ce dont tu as besoin, nous te le procurerons. » Puis il ajoute : « Je trouve vraiment merveilleux que tu gagnes déjà tant. (...) Nous savons que tu collabores déjà pour soulager nos soucis et pour être notre joie. (...) Mon cher Theo, même si tu es loin de nous, tu sais bien que tu es notre fierté et notre joie [1]. »

1. Lettre inédite de Pa à Theo, 11 décembre 1873, b2674V/1982. Fondation Vincent van Gogh.

Une grave crise existentielle

Alors que tout semble lui réussir sur le plan matériel, Theo se laisse submerger par la mélancolie. Sa jeune vie semble lui échapper ; filer entre ses doigts comme autrefois l'eau du ruisseau interdit à Zundert. Bien que son travail lui plaise, bien qu'il soit très entouré, des problèmes existentiels le taraudent constamment. Une grave déprime couve en lui.

La quiétude de l'enfance lui manque cruellement et l'ardeur de ses désirs sexuels le trouble. Mais à qui en parler ? Ces choses ne sont pas évoquées chez les Van Gogh. Le sexe y est mythifié, sublimé, jusqu'au mariage. L'éducation religieuse et la pudeur imposent le silence. Il est fort probable que Theo fréquente, dès 1874, une maison close. « L'archipel du plaisir vénal » se situe, à La Haye, dans le même quartier que celui des peintres. Là comme ailleurs, les prostituées initient fréquemment des mineurs, souvent des collégiens, avec l'hypocrite complaisance de tous. N'en pouvant plus, Theo se confesse à son frère, lui décrivant peut-être l'ambiance de joie et de débauche, les parfums âcres, poudrés, mêlés d'odeurs corporelles tièdes et suaves, les affres du plaisir physique inconnu jusqu'alors, sa jouissance et sa honte. L'incompréhension de Vincent est totale. Pétri d'une religiosité exaltée, il lui répond : « *Tu juges selon la chair. Je ne condamne personne. Celui de vous qui est sans le péché, qu'il lui jette la première pierre.* Garde donc tes idées et si tu doutes qu'elles soient bonnes, confronte-les avec celles de Celui qui a osé dire : *Je suis la Vérité*, ou d'après celles de l'un ou l'autre être humain, par exemple de Michelet. Virginité de l'âme et impureté du corps peuvent aller de pair [1]. » Pa n'aurait pas tenu un autre discours ! Amère déception pour Theo. La connivence entre les frères s'étiole quelque peu et leur correspondance cesse pour la première fois, à partir de cette lettre, pour ne reprendre qu'en février 1875.

Ce que Theo ignore, c'est que le moment est mal choisi pour se tourner vers Vincent. Ce dernier vient de subir un échec amoureux : Ursula Loyer, la fille de sa logeuse londonienne, le repousse farouchement. Lui s'entête en silence, persuadé que la noblesse de ses élans viendra à bout de la résistance de la jeune fille. Mais Vincent vit une passion imaginaire, sans retour, car Ursula ne cédera pas. Jamais dans ses lettres, Vincent n'a évoqué les sentiments intenses qu'il éprouve pour cette femme, ni la flamme qui le dévore et consume son cœur et ses nerfs. Pudique et secret, il se borne à disserter sur la peinture ou la littérature ; le ton de ses lettres devient, à cette époque, légèrement pédant et condescendant à l'égard de ce frère de quatre ans son cadet. Vincent entretient Theo sur Michelet, non pas sur les grands ouvrages de l'historien de la Révolution française, mais sur un petit traité, *L'Amour*, glorifiant naïvement l'épouse sage et idéale. Pour le reste, il se réfugie derrière sa Bible, alors qu'il traverse lui-même une période de troubles amoureux et sexuels.

Ses parents ont bien compris en retrouvant leur fils pour les vacances que l'ambiance de la famille Loyer à Londres ne lui convient pas. Ils décident que Vincent repartira avec sa sœur Anna qui cherche un travail de perceptrice à l'étranger.

Le frère et la sœur changent de pension, ce qui soulage

1. Lettre de Vincent à Theo, 10 août 1874, 21 N.

Moe d'un fardeau : « Je suis contente qu'il ne soit plus dans cette famille. Il y avait trop de secrets. »

Pendant quelques semaines, grâce à la présence chaleureuse d'Anna, Vincent reprend goût à la vie. Puis, sa sœur ayant trouvé un emploi, Vincent s'enfonce de nouveau dans la dépression, puisant un peu de réconfort dans ses lectures liturgiques et dans la pratique du dessin, presque jamais abandonnée depuis l'enfance. Son patron, M. Obach, se rend compte du désarroi de son employé et de son manque d'intérêt pour son travail. Sérieusement inquiet, il prévient l'oncle Cent. Une conclusion s'impose : le climat londonien ne convient pas à Vincent. Il faut impérativement le transférer à Paris, afin qu'il retrouve ses esprits et son goût pour le commerce de l'art. La capitale l'avait vivement impressionné lors d'un séjour de quelques jours, en mai 1873. Cependant, le droit de décider de sa vie que s'est arrogé sans scrupule sa famille l'exaspère cette fois. Il soupçonne son père d'être intervenu auprès de l'oncle Cent pour demander son déplacement. Furieux, il décide d'arrêter toute correspondance avec sa famille en Hollande. Pa et Moe se morfondent d'inquiétude. Tous deux pourtant ont assuré à Theo ne pas être à l'origine de cette requête comme l'imagine leur fils. Pa écrit : « Cher Theo, ta dernière lettre me donne l'occasion de revenir sur un passage. Ce n'est pas dans mes projets de demander un changement pour Vincent. Je ne veux pas prendre cette responsabilité sur moi. (...) Je crois que l'on doit s'en tenir de laisser oncle Cent œuvrer pour vos projets [1]. » Theo s'évertue à relativiser les choses.

1. Lettre inédite de Pa à Theo, 5 octobre 1874, b2724V/1982. Fondation Vincent van Gogh.

Cependant Moe lui écrit, le 18 novembre 1874 : « Mon cher Theo, c'est agréable de recevoir de tes nouvelles, et vraiment c'était très gentil de ta part d'avoir voulu nous consoler. Nous aimerions bien l'être. Tu dis : Maintenant ça va bien et nous devons voir ce qui est positif. (...) Mais tu dis également que ce n'est pas bien que nous soyons si soucieux, et que cela nous rende malheureux. Mon cher enfant, le bonheur d'un père et d'une mère est inséparable de celui de leurs enfants. Est-ce que tu lui as écrit ? Sinon, fais-le encore une fois. Il t'aime tant[1] ! » Mais, face à son frère, Vincent reste aussi muet qu'avec ses parents. Finalement, Theo apprend par une lettre de Moe, que le 20 novembre, Vincent s'était décidé à leur écrire « quelques petites nouvelles » et que, le 25, il leur avait envoyé « un petit billet de vingt francs, sans commentaire. » Le 14 décembre, il est de nouveau question d'une lettre de Vincent à ses parents. Moe s'en réjouit. À la mi-décembre, enfin, les soucis semblent s'éloigner. Vincent annonce à ses parents qu'il se rendra à Helvoirt pour Noël. Ceux-ci l'attendent avec impatience, priant pour que ces plans ne soient pas contrariés à la dernière minute. Theo leur donne aussi bien du souci. En effet, si Vincent trouve dans la Bible les écrits qui soulagent sa douleur, Theo, de son côté, émet de sérieux doutes quant à la religion. Néanmoins, il accepte, plus ou moins contraint, de faire sa profession de foi le 26 décembre 1874, à l'occasion des fêtes de Noël, mais l'approche de ce sacrement ne remédie pas à ses intimes interrogations.

Dès l'année 1873, Pa et Moe ont dû l'exhorter à aller à

1. Lettre inédite de Moe à Theo, 18 novembre 1874, b2734V/1982. Fondation Vincent van Gogh.

l'église. Régulièrement, ils lui demandent comment se passe la catéchèse et s'il y est assidu. Depuis son arrivée à La Haye, plus distrait que convaincu, il se traîne sur les bancs du sinistre cours du révérend Van der Broeke. Le 2 septembre 1874, son père l'interpelle une nouvelle fois : « Comment ça va le catéchisme ? Tu y vas quand même fidèlement, et aussi à l'église ? Il me semble qu'à La Haye, tu as assez de choix. » Le 28 octobre, Pa s'inquiète plus sérieusement des incertitudes de Theo. Celui-ci aurait demandé si la fréquentation des églises est vraiment nécessaire, si la nature n'évoque pas mieux Dieu que les prédicateurs et leurs sermons. Ses parents lui écrivent. D'abord sa mère : « Cher enfant, tu nous demandes un jugement. Si la nature suffit à un homme. La nature sans la Bible, c'est l'affaire des païens et nous savons comme ils sont loin. (...) Mais toi tu parles d'une nature sans église, mais avec la Bible. Seulement, la nature ne parle pas de Jésus et c'est justement lui qui nous apporte la vraie jouissance de la nature car c'est lui qui (...) arrange notre sort de la même façon qu'il soigne la nature. Ce père est bon pour toi, même si tu n'a pas été bon pour lui. Et ainsi Jésus parle de pardon et rend heureux pour toujours[1]. » Ces arguments, aussi inspirés qu'ils soient, ne réussissent pas à apaiser Theo. Pa ajoute : « Toi, mon fils, tu as aussi besoin de la foi. Besoin de croire. De religion. Je le sais et tu le sens. Mais il y a un obstacle, sur lequel beaucoup trébuchent[2]. » L'obstacle est que Theo se sent las de toutes ces

1. Lettre inédite de Moe à Theo, 28 octobre 1874, b2729V/1982. Fondation Vincent van Gogh.

2. Lettre inédite de Pa à Theo, 28 octobre 1874, b2728V/1982. Fondation Vincent van Gogh.

considérations religieuses à mille lieues des philosophes qu'il découvre. Il n'est plus un enfant pour taire sagement ses impressions. Dorus a beau conclure : « Ton père ne voudrait pas passer pour un vieil imbécile, mais, pour un ami qui te comprenne. Et moi aussi, j'ai été jeune », c'est peine perdue. Malgré toute la bonne volonté du pasteur, Theo perd pied, il ne sait plus où il en est.

Noël 1874 va permettre à la famille de se réunir, les deux frères ne s'étant pas revus depuis deux ans. Ils ont bien passé l'un et l'autre leurs vacances d'été à Helvoirt, mais se sont succédé chez leurs parents, sans se rencontrer. Durant cette dernière semaine de l'année, Theo, malgré ses réticences, fera sa confirmation et Vincent se rapprochera de sa famille.

1875, année tragique

Quelques mois plus tard, un événement tragique va renforcer les doutes de Theo. Le 14 juin 1875, son amie Annette Haanebeek meurt d'une maladie incurable à 24 ans. Depuis son arrivée à La Haye, Theo appréciait la compagnie de la famille de la jeune fille, au point de la fréquenter presque exclusivement. Ses parents approuvent cette relation, mais l'invitent également à en entretenir d'autres. Peut-être se doutent-ils des sentiments de leur fils pour sa lointaine cousine.

Quand Annette, si jeune, lui apprend qu'elle est condamnée, Theo ne sait plus de quel côté se tourner. La femme qu'il rêvait d'épouser s'en va avant même qu'il ait pu envisager de se déclarer. Il s'enfonce peu à peu dans une mélancolie que ses parents ne lui ont jamais connue. Le presbytère connaît de nouveaux tourments.

Pour la première fois, Pa et Moe se sentent réellement désarmés. Dorus, déjà touché par la dépression de Vincent, le supplie de se ressaisir : « S'adonner à la mélancolie ne favorise pas la montée d'énergie. Mon cher Theo, toi aussi tu dois penser à cela (...) Ta gaieté n'est plus comme autrefois. Est-ce que je me trompe ? Est-ce que je peux faire quelque chose pour te rendre plus gai [1] ? » Dans l'espoir de toucher son fils, il lui cite l'un de ses auteurs préférés : « Michelet dit que l'oiseau doit être au service de ses petits par son expérience. Et il les met en garde, les renseigne, les encourage. Mais, nous aussi, nous faisons cela [2]. » Cette lettre, que Pa demande à Theo de garder, n'est pas celle d'un tyran à l'esprit obtus mais témoigne d'une compassion toute paternelle.

Vincent, qui a repris sa correspondance avec son frère, tente aussi de le secourir. Mais son remède reste inchangé : la Bible. Theo et Vincent se rapprochent. Mais quand Annette est tombée malade, Theo n'en a rien dit à son confident. Pa en informera Vincent, qui ignorait « que c'était aussi grave ». Le 19 juin 1875, il écrit à Theo depuis Paris : « J'avais espéré la revoir encore avant sa mort et cela n'est pas arrivé. L'homme s'agite et Dieu le mène. » Une formule laconique pour celle qui fut l'amour de jeunesse de Theo ! Vincent ajoute en post-scriptum : « Tu n'oublieras sûrement ni elle ni sa mort, mais garde tout cela pour toi. C'est là une de ces choses qui font que, peu à peu, nous devenons *tristes mais toujours joyeux*, et c'est à cela qu'il faut arriver [3]. » Garder

1. Lettre inédite de Pa à Theo, 8 juillet 1875, b2346V/1982. Fondation Vincent van Gogh.
2. *Ibid.*
3. Lettre de Vincent à Theo, 19 juin 1875, 28 N.

le problème secret, cacher ses sentiments, faire comme si le monde ne s'était pas écroulé... Vincent a bien assimilé la leçon familiale. Theo, lui, ne commente pas la missive et s'enferme sans broncher dans la tristesse. Seul, désespérément seul.

Dans un premier temps, Vincent estime qu'un changement d'environnement ferait le plus grand bien à son frère. Il lui pose ouvertement la question et échafaude un plan visant à le faire transférer à Londres ou à Paris. Theo voudrait quitter La Haye. L'oncle Cent en est averti, mais ce projet ne verra pas le jour. En effet, d'une part, Theo donne entière satisfaction à Tersteeg et, d'autre part, les changements successifs de Vincent sont loin d'avoir été concluants. Dès le 24 juillet, Vincent change d'avis et encourage constamment son frère à sortir et à ne pas s'enfermer dans une insupportable solitude. En même temps, il continue de lui citer des passages de la Bible ou des extraits de sermons qu'il a pieusement écoutés. Theo, malgré ses doutes grandissants, n'a pas encore rompu définitivement avec la religion. Entre autres preuves : il copie pour sa sœur des poésies d'inspiration évangélique ; celle-ci le remerciera chaleureusement. Dans une lettre (exceptionnellement conservée) [1] datée du 7 septembre 1875, Theo avoue à Vincent être allé à l'église écouter « un beau sermon : Jésus pleurant », et évoque son camarade de chambre, Johannes Wilhelmus Weehuyzen, récemment décédé lui aussi, avec lequel il avait longuement discuté de *L'Amour*

1. Cette lettre, numérotée 36aN dans l'édition française de la *Correspondance générale*, a été renvoyée à Theo avec les annotations et la réponse de Vincent rédigées au verso. Elle a donc été conservée par Theo avec toutes les autres lettres de son frère.

de Michelet. La réponse de Vincent est cinglante : « Garde les yeux ouverts et tâche de devenir ferme et fort »[1], puis lui conseille fermement de se débarrasser de ce livre et de ne plus lire que la Bible. Il ne supporte pas que Theo se complaise dans cette indicible douleur et ne recoure à l'église que pour conforter sa mélancolie. Il est exaspéré de constater qu'il s'abandonne à son mal de vivre, et passe son temps à lire et à recopier le poète allemand Rückert. Les vers des *Souvenirs des années d'enfance d'un fils de fonctionnaire de village* évoquent pour lui le bonheur de Zundert ; tandis que les sonnets des *Funérailles d'Agnès* lui permettent de pleurer un amour perdu avant d'avoir réellement existé, Annette… Même s'il n'est pas, lui-même, en grande forme, Vincent s'inquiète de la santé de son jeune frère. Il lui recommande de bien se nourrir, de développer un corps robuste et de garder confiance en l'avenir : « *Ne pas rêver, ne pas soupirer* est utile aussi quelquefois[2]. » Et dans la lettre suivante : « Garde bon courage, mon vieux. Après la pluie vient le beau temps[3]. »

Vincent attend avec impatience les vacances de Noël pour revoir son frère et le reste de la famille. Theo souhaite aussi vivement retrouver les siens au plus vite. Cette année 1875 a été particulièrement éprouvante pour lui. À dix-huit ans, il se sent faible et fatigué. Son corps trahit son malaise moral ; il a perdu l'appétit, s'est blessé au pied en tombant et souffre de maux de dents. Des divergences avec son patron le contrarient. Deux lettres en témoignent. L'une de Laurent Vink, un de ses

1. Lettre de Vincent à Theo, 36aN.
2. Lettre 40 N.
3. Lettre 41 N.

amis, qui l'encourage à ne pas se laisser faire : « J'ai appris par Willem que tu es tout à fait dupé par ton patron. Il faut que tu lui dises comment est le mien en ce qui concerne les congés. Peut-être que ça aura un peu d'influence sur ce barbare[1]. » L'autre est de Vincent : « Garde d'abord l'amour de la maison que tu sers, l'amour de ton travail, estime et considération pour M. Tersteeg. Tu verras plus tard, et mieux qu'à présent, qu'il mérite l'une et l'autre. Mais, là non plus, n'exagère pas[2]. »

Le décès de deux proches viennent s'ajouter aux préoccupations professionnelles de Theo : l'un de ses oncles, Jan Carbentus, vient de mourir dans une affreuse solitude ; et l'un de ses amis les plus chers, le jeune Willem Laurens Khiel, qui vivait, lui aussi, chez les Roos.

Theo est ébranlé par ces multiples deuils. Son père tente de le réconforter en lui rappelant que les chrétiens croient en la vie éternelle, supérieure en tous points à la vie terrestre. Sa mère, sa sœur le soutiennent aussi par leurs lettres. Cette sollicitude familiale lui est précieuse autant qu'elle l'étouffe par moments. Les vacances de Noël représentent l'espoir : ils se retrouveront tous et reconstitueront avec chaleur leur petite cellule, mais non plus à Helvoirt.

En effet, Pa a changé de paroisse. À la suite d'une proposition de sa hiérarchie, et après avoir visité Etten, un village comprenant une communauté protestante de

1. Lettre inédite de Laurent Vink à Theo, 21 juillet 1875. Fondation Vincent van Gogh.

2. Lettre de Vincent à Theo, 38 N.

cent vingt personnes environ et pris connaissances des conditions financières, Dorus a accepté d'en devenir le nouveau pasteur. Le 17 octobre 1875, il prêche son sermon d'adieu à Helvoirt devant une assemblée attristée par son prochain départ. Le 24 novembre, Theo rejoint ses parents pour leur installation dans leur nouveau presbytère. Un mois plus tard, la famille se retrouve réunie au grand complet, à l'exception d'Anna retenue en Angleterre.

La chute de Vincent, la gloire de Theo

À peine revenu à Paris, Vincent écrit à Theo pour lui annoncer qu'il quitte la galerie Boussod. En effet, il est parti de son travail pour rejoindre les siens, à Noël, sans avoir pris la peine d'en demander la permission à qui que ce soit. Cette décision n'a pas été prise sur un coup de tête. Vincent en avait déjà parlé à Theo et à ses parents. Son directeur n'a pas apprécié cette désinvolture et, après une discussion orageuse, Vincent est contraint de donner sa démission. Theo en est bouleversé. Que va devenir son frère ?

Même s'il n'approuve pas ce comportement, Theo fait preuve d'une solidarité exemplaire. Il peut comprendre ce sentiment de lassitude, ce désir de révolte, qui a précédé le geste de son frère. Et son cran le fascine. Jamais, lui n'oserait se mettre en danger de la sorte. Son tempérament l'empêche de jouer avec le risque. Trop de malheureuses conséquences découleraient d'une telle attitude.

Si Vincent a subi un échec, Theo en revanche gagne ses galons dans sa galerie. Sa culture et son professionnalisme satisfont les exigences de ses patrons, qui n'hésitent pas à lui confier le voyage annuel de représentation : il est chargé de visiter les clients à travers le pays afin de présenter le nouveau catalogue. Au mois de mars 1876, il chemine sur les routes hollandaises à la rencontre de collectionneurs et d'esthètes fidèles à la galerie pour leur montrer les dernières nouveautés. Pa et Moe sont flattés de cette nouvelle responsabilité. Son père lui écrit : « Je trouve que c'est vraiment une affaire merveilleuse pour toi et j'espère que tu auras du succès [1]. »

À l'inverse, Pa et Moe s'inquiètent pour Vincent qui est reparti vers l'Angleterre où il enseigne le français, l'allemand et les mathématiques dans un pauvre internat à Ramsgate, en échange du gîte et du couvert. Une vie difficile et misérable.

Theo, sans relâche, continue pourtant de soutenir son frère. Peut-être veut-il compenser le sentiment de fierté que ses parents éprouvent à son égard et dont Vincent est privé.

À Theo la gloire, et à Vincent la déception de la famille ! En juillet, ce dernier devient instituteur et assistant du pasteur Slade Jones, à Isleworth. Une foi brûlante le dévore ; il envisage même de consacrer sa vie à l'évangélisation des pauvres. Son auréole décline dans l'estime de ses parents. Le qu'en-dira-t-on – cet impitoyable jugement des campagnes – s'en étant mêlé, les Van Gogh se mettent à craindre chaque jour davantage que les frasques de leur aîné soient connues de leur communauté. Parallèlement, et plus que jamais, Theo et sa réussite participent à leur joie et flattent leur orgueil.

---

1. Lettre inédite de Pa à Theo, 31 mars 1876, b0955V/1962. Fondation Vincent van Gogh.

Malheureusement, fin septembre 1876, Theo tombe gravement malade.

La fièvre le cloue au lit et l'empêche d'aller travailler à partir du 26. Le docteur Blum Cortez l'a examiné et, après lui avoir prescrit des doses de quinine et un repos absolu, assure qu'il sera bientôt guéri. Informé, l'oncle Jan, le vice-amiral en retraite, a rendu visite au malade et prévient sa mère. Celle-ci écrit aussitôt, le 29 septembre, à son fils qu'elle a enfin compris pourquoi elle était sans nouvelles. Sur place, Mlle Roos prend soin de lui. Cependant, son état s'aggrave. Roos et Tersteeg informent le révérend Van Gogh que le médecin n'a diagnostiqué aucun signe inquiétant, mais que la fièvre persiste. La situation reste préoccupante. Les parents écrivent presque chaque jour au malade. Le 1er octobre, enfin, ils reçoivent un télégramme rassurant du patron de Theo et l'oncle Jan envoie de meilleures nouvelles, précisant toutefois que la fièvre, le manque d'appétit et un sommeil agité l'ont gravement affaibli.

Le 6 octobre, alarmé par ces dernières nouvelles, Pa entreprend le voyage jusqu'à La Haye. À son arrivée, bouleversé, il trouve Theo alité, complètement hébété, le regard vide. Assis à son chevet, Pa le veille patiemment et prie pour sa guérison. Son état ne s'améliore pas et sa famille craint le pire.

Enfin, la crise passe. Un télégramme l'apprend à Moe qui se rongeait d'inquiétude.

Le 19 octobre, Pa est de retour à Etten, Moe ayant pris le relais auprès de son fils. Quatre jours plus tard, elle retrouve son mari au presbytère : Theo va mieux mais n'est pas en mesure de venir jusqu'à Etten pour se reposer.

Début novembre, Theo trouve l'énergie de faire le voyage et entame une convalescence chez ses parents. Il y occupe une petite chambre calme et ensoleillée située derrière la maison. Pa et Moe le traitent comme un roi, prévenant ses moindres désirs. Ce qui lui vaut quelques taquineries de son collègue, logé lui aussi chez Roos. Quant à Vincent, la gravité de la maladie de son frère lui a été cachée.

Très vite, Theo reprend des forces et son travail lui manque ; il en informe Tersteeg, qui lui conseille de poursuivre sa guérison. Trois semaines plus tard, enfin rétabli, Theo rentre à La Haye et reprend ses activités. Son employeur fait preuve d'une grande compréhension à son égard. Tous ses amis et son entourage se sont montrés d'une fidélité et d'une gentillesse exemplaires. Cette maladie lui a prouvé qu'il pouvait compter sur les autres. Son père ajoute : « Cela doit être une raison d'apprécier doublement la vie et d'en profiter gaiement avec la bonté de Dieu [1]. »

Cependant Theo s'avère incapable d'en profiter. Rien ne peut l'égayer. Il ne trouve aucun sens à sa « vie facile », comme il la qualifie lui-même. Contrairement aux artistes qui créent et se battent pour leur œuvre, à ses parents investis d'une mission, Theo a le sentiment d'être inutile. De végéter. Il ne réussit même pas à atteindre la « vraie vie ». Vincent lui écrit : « Il y avait dans ta lettre une phrase qui m'a frappé : Je voudrais tout quitter. Je suis la cause de tout, je ne fais à autrui que du

1. Lettre inédite de Pa à Theo, 18 novembre 1876, b2794V/1982. Fondation Vincent van Gogh.

chagrin ; moi seul ai attiré ces misères sur moi-même et sur les autres [1]. »

Nul doute, Theo souffre d'une grave crise de mélancolie. Cette terrible maladie a de sérieux antécédents familiaux. Son grand-père paternel, ses oncles, Cent et Hein sont de grands mélancoliques. Du côté maternel, des épileptiques se sont déclarés, dont la propre sœur d'Anna. Pa et Moe, effrayés par ces maladies mentales, entourent de leur mieux leur enfant chéri. Heureusement, l'amour de son métier sauve Theo. Il se raccroche à la vie alors que Vincent régresse. Ce dernier vit désormais en Hollande et souhaite devenir pasteur.

Theo ne supporte plus La Haye. Cette ville lui rappelle de trop mauvais souvenirs. En 1877, Tersteeg lui confie à nouveau le voyage commercial à travers la Hollande, et en 1878 sa vie prend une nouvelle direction. Ses supérieurs lui réservent l'honneur de représenter la galerie sur le stand de la firme à la prestigieuse Exposition Universelle, à Paris.

1. Lettre 98 N.

Chapitre 3

Paris, l'espoir d'une réussite (1878-1883)

Premier mai 1878. L'effervescence qui anime la capitale française, en ce jour d'inauguration de l'Exposition universelle, contraste avec la morosité qui régnait sur le pays depuis la défaite humiliante de 1870 contre les Allemands et les tragiques événements de la Commune.

Paris est en fête. Les rues sont décorées de drapeaux tricolores et investies par une population compacte qui gêne la circulation des fiacres. Des bruits de pétards éclatent. Des chants populaires retentissent sur les boulevards. Partout, c'est la même liesse. Les stigmates de la guerre font désormais partie du passé. L'heure est à la paix. La Troisième République naissante entend bien faire passer ce message.

Dès l'aube, le temps doux permet à la foule de se presser à l'inauguration de l'Exposition, devant les portes du palais du Trocadéro érigé sur la colline de Chaillot. Ce curieux édifice d'inspiration hispano-mauresque, au centre en forme de rotonde, est dominé par la reproduction d'une sculpture d'Antonin Mercié, *La Renommée,* dont la tête est ceinte de la couronne de la paix [1] ; le palais abrite les sections de l'art et de la culture.

1. Philippe BOUIN et Christian-Philippe CHANUT, *Histoire française des*

En face, le Champ-de-Mars est consacré au commerce et à l'industrie. Non loin, les visiteurs peuvent explorer l'intérieur de la tête monumentale de la statue de *La Liberté* de Bartholdi, cadeau du peuple français aux Américains pour célébrer le centenaire de leur indépendance, ce qui fait dire à certains que la liberté n'a pas de cervelle ! Mais le clou de l'Exposition, dans la cour des Tuileries, est le *Grand Captif*, un aérostat de trente-cinq mille mètres cubes de volume pour un diamètre de trente-six mètres. Dépassant en hauteur l'arc de Triomphe, il peut transporter cinquante personnes dans sa nacelle à cinq cents mètres d'altitude, grâce à un câble manœuvré par un treuil à vapeur.

Jusqu'au 31 octobre, Paris, au centre du monde moderne, va briller de mille feux.

Plus de cinquante mille exposants et presque dix mille étrangers venus de trente-cinq nations ont répondu présent, excepté l'Allemagne, évidemment[1].

Paris, où la grande aventure commence pour Theo. Le jour de l'inauguration, il fête ses vingt-et-un ans. C'est désormais un jeune homme qui veut goûter aux plaisirs de la vie. Pourtant les épreuves douloureuses de La Haye lui ont déjà ôté l'insouciance qui sied à la jeunesse. Theo est un jeune homme grave, sérieux pour son âge.

Ses premières impressions sont prometteuses. Theo avait imaginé Paris à travers les dires de l'oncle Cent et les écrits de Vincent. L'Exposition lui donne l'occasion de découvrir par lui-même la richesse et le faste de la capitale française. Il s'émerveille devant le phonographe

---

foires et des expositions universelles, Paris, Éditions de Nesle, 1980, p. 100-101.

1. *Ibid*, p. 99.

d'Edison qui y est présenté, admire le décor féérique des illuminations, découvre les pays du monde entier par le biais de leurs pavillons dans la rue des Nations. Celui du Japon suscite un frénétique engouement. Sous l'ère Meiji, ce pays s'ouvre à l'Occident. L'heure est donc à la mode japonaise, aussi bien dans l'art que dans le mobilier. L'art épuré des laques, des ivoires, des porcelaines, des broderies, en opposition avec les œuvres occidentales très surchargées, séduit. Les intellectuels célèbrent la liberté, la finesse et les couleurs des estampes japonaises. Les impressionnistes, Manet surtout, s'en inspirent.

Theo a une chance incroyable. Représentant de la maison Goupil, il est chargé de présenter à un public de connaisseurs et d'amateurs les tableaux des artistes défendus par la galerie. Il se trouve au cœur de l'événement parisien, pour peu de temps, juste celui de l'Exposition, mais cette expérience sera décisive quant à la suite de sa carrière.

La galerie représente à merveille l'académisme de la section « Peinture française » de l'Exposition universelle, d'un indéniable conservatisme. Le jury qui a sélectionné les tableaux a volontairement ignoré les courants picturaux novateurs, par exemple, le réalisme incarné par Daumier, la peinture paysanne de Millet, dont les toiles sont tant admirées par les frères Van Gogh, ou les œuvres de Courbet, artiste très engagé et socialiste convaincu. En réalité, un de ses tableaux a été retenu : *La Vague*, peu dérangeant pour les autorités et les visiteurs [1]. Quant aux impressionnistes, il n'est pas surprenant qu'ils

1. Rodolphe WALTER, « L'Exposition universelle de 1878, ou Amours et Haines d'Émile Zola », *L'Œil*, novembre 1978, n° 280, p. 38-45.

soient absents tant leurs peintures déchaînent les foudres du milieu de l'art et du grand public. La Troisième République française, à travers sa politique culturelle, tient absolument à mettre en avant les aspects constructifs et positifs du nouveau régime. Dans cette optique, les maîtres de l'art académique – celui qui est connu, identifié et apprécié par le jury d'admission et le public – sont sur-représentés. Émile Zola, chargé de couvrir l'Exposition pour un journal russe, s'en offusque. Sans retenue, il critique le style des peintres officiels : Alexandre Cabanel, « c'est toujours le même dessin flasque, le même coloris terne », Jean-Léon Gérôme, « maniéré, ... même industrie qui rappelle celle des bagnards sculptant des noix de coco », et William-Adolphe Bouguereau, « dont la peinture est tout aussi pompeuse [1]. » Enfin, Meissonier, converti à la peinture des batailles sous Napoléon III et grand triomphateur de l'Exposition. Cabanel, Gérôme et Meissonier, tous membres de l'Institut, recevront d'ailleurs les médailles d'honneur des Beaux-Arts, section peinture. Pour la sculpture, le choix est le même : Rodin, déjà connu, sinon célèbre, n'est pas représenté.

Moe et Pa ne peuvent que se sentir fiers de leur fils préféré. Sa conscience professionnelle a enfin retenu l'attention de ses supérieurs. « Plus d'une personne t'envie et tous ceux que nous connaissons sont très contents pour toi. Tout notre cœur a voyagé avec toi et il te suivra [2]. »

---

1. Émile ZOLA, Lettre de Paris, XXXVIII (12 juin 1878), « L'école française de la peinture à l'Exposition de 1878 », in *Le Messager de l'Europe*, juillet 1878.

2. Lettre inédite de Moe à Theo, 8 mai 1878, b0976V/1962. Fondation Vincent van Gogh.

Ce séjour parisien inquiète néanmoins les parents Van Gogh, qui ne connaissent pas la capitale française. Leur enfant leur paraît exposé à tous les dangers. Bien évidemment, c'est encore et toujours Dieu qui peut lui apporter le soutien nécessaire. Moe n'oublie pas de le rappeler à son fils, qui a déjà pris ses distances avec la religion. Elle lui recommande aussi de bien se nourrir, de prendre le temps de dormir, de ne pas attraper froid. Cependant, les parents de Theo l'encouragent à profiter de sa chance.

Le pasteur avoue même avec nostalgie que les sorties que lui décrit son fils lui rappellent sa jeunesse et les joies de sa vie estudiantine.

Theo s'est installé dans une pension du 46, rue de La-Tour-d'Auvergne, dans une petite chambre sous les toits. C'est un quartier parisien que Vincent connaît bien, comme il l'écrit à son frère. Chaque matin, le chant mélodieux des oiseaux en cage d'un tailleur qui habite à proximité le réveille. Pendant un court instant, son esprit vagabonde vers la quiétude de la campagne hollandaise. Mais il a juste le temps de se préparer, de se hisser sur une chaise, seul moyen pour profiter de la vue sur Paris par la lucarne et d'apercevoir « les ciels d'orage que Bonington a peints »[1]. Il n'a pas une minute à perdre ; on l'attend sur le stand. Rapidement, il est devenu indispensable. Son sérieux et son caractère travailleur plaisent à ses employeurs. Surtout, Theo les surprend par son érudition et son aisance à expliquer les subtilités de la peinture.

Un événement extraordinaire va de surcroît jouer en sa faveur. Le président Mac-Mahon, en visite officielle

1. Lettre de Vincent à Theo, 122 N.

dans l'aile consacrée à la peinture française, s'arrête devant le stand de la maison Goupil et lui pose quelques questions. Tous les regards convergent alors vers cet inconnu en grande conversation avec le chef de l'État. Theo, pendant quelques secondes, se trouve soudain au centre du monde !

Une rencontre qui aurait pu déstabiliser le jeune Hollandais, d'une timidité maladive.

Bizarrement, il n'en est rien. Theo répond intelligemment et sans hésitation. Cette rencontre fortuite révèle que le jeune homme est un excellent élément pour la galerie Goupil.

En dehors de ses heures de travail, Theo mène maintenant une vie bien remplie. Des amis protestants de la famille, les Hamman, lui ouvrent leur porte comme à un fils et l'invitent régulièrement à dîner. En compagnie d'un autre ami, Frans Braat, employé chez Boussod et Valadon, il parcourt les rues illuminées de la capitale. Pour faire plaisir à Caroline Haanebeek-Van Stockum, il s'occupe de l'un de ses amis présent à Paris, Pieter Boele, homme de lettres et libraire.

À la fin du mois d'août, l'oncle Cent, son épouse et l'oncle Cor, très intéressés par l'Exposition et curieux de constater comment se débrouille leur jeune neveu dans le grand monde, le rejoignent à Paris. C'est l'occasion de parler des uns et des autres, et surtout de l'événement qui agite la famille Van Gogh : le mariage d'Anna, la sœur de Theo et de Vincent.

À Etten, la petite maison de Pa et Moe vibre d'une frénésie inhabituelle. Des rires, des cris, des allées et venues incessantes. Un remue-ménage incroyable ! Il faut que tout soit prêt pour le grand jour ! Le premier mariage dans la famille ! Quelle joie ! Anna épouse Joan van Houten, un jeune homme sérieux qui a toute la confiance de Pa et Moe. L'excitation est à son comble. Anna, qui avait été fatiguée par des ennuis de santé, reprend peu à peu des couleurs. Tout le monde est présent, même Vincent qui a rejoint, depuis juillet, le giron familial. L'abandon de sa préparation à l'examen de la Faculté de théologie d'Amsterdam a beaucoup tourmenté ses parents. Heureusement, le pasteur Jones, d'Isleworth, de passage à Etten, propose de chercher à Bruxelles une école de formation flamande qui accepterait Vincent. Seule ombre à leur bonheur : l'absence de Theo qui, pris par ses obligations professionnelles, ne peut s'échapper de Paris. Il doit se contenter de faire parvenir en cadeau de mariage de magnifiques reproductions.

Le 22 août 1878, par un temps ensoleillé, le révérend, ému, marie sa fille dans le petit temple du village. Une cérémonie à laquelle assiste un grand nombre de personnes de la communauté, heureuses de féliciter la famille Van Gogh, réunie pour cette occasion. Les jeunes mariés quittent Etten le soir même pour vivre à Leyde. Sur le perron, des adieux chaleureux, des promesses de se revoir bientôt, quelques larmes… Et, déjà, la vie reprend son cours. Trois jours plus tard, Vincent part pour Bruxelles, accompagné de Pa et du pasteur Jones.

À Paris, tout ne sourit pas à Theo. Confiné à longueur de journée dans le stand Goupil, exercer les mêmes tâches monotones l'exaspère. On ne lui accorde pas la possibilité de travailler dans l'une des galeries parisiennes. Theo a l'impression de régresser professionnellement. Plus désolant, ses prestations à l'Exposition ont suscité la jalousie des employés parisiens. Sans ménagements, ils lui font sentir qu'un étranger n'a pas à représenter la société à leur place. Cette animosité le touche de plein fouet et il s'en ouvre à son père. Le pasteur le réconforte tout en le prévenant : « Sois sur tes gardes, ne fais pas confiance aveuglément à chaque amitié qui se présente. Pense aux intrigues et augmente doublement ta vigilance [1]. » Il demande aussi conseil à l'oncle Cent, qui a désormais reporté ses espérances sur Theo depuis la défection de Vincent et qui recommande à son neveu de : « te montrer et de côtoyer les Messieurs (Boussod et Valadon) [2]. » Simple à dire, mais pas facile à mettre en pratique pour Theo, toujours incapable de se mettre en valeur, de jouer la comédie en se mêlant à la conversation de ces hommes en vue. La seule solution : travailler toujours et encore, miser sur ses compétences, se rendre indispensable et irremplaçable : telles sont les clés de la famille Van Gogh pour parvenir à se faire une place dans la société, dont Theo commence à mieux percevoir le bien-fondé.

Il reste à Paris jusqu'à la fin de l'Exposition. L'oncle Cent, depuis Princehague, l'en félicite : « Tu as pu traverser toutes ces difficultés et arriver au terme de ton engagement. Partir au milieu aurait été décevant et ennuyeux. J'espère que tu as appris une chose dans la vie : que tout n'est pas rose et que chaque métier amène son lot de difficultés. Et, souvent, tu te moqueras des petites misères de ton premier séjour à Paris [3]. »

---

1. Lettre inédite de Pa à Theo, 10 mai 1878, b0977V/1962. Fondation Vincent van Gogh

2. Lettre inédite de Moe à Theo, 7 juin 1878, b0980V/1962. Fondation Vincent van Gogh.

3. Lettre inédite de Cent à Theo, 7 octobre 1878, b5342V/1994. Fondation Vincent van Gogh.

La rupture avec Vincent

Le 15 novembre 1878, de retour vers la Hollande, Theo s'arrête à Laeken, où l'école du pasteur Bockma, qui forme des missionnaires pour les pays pauvres, a accepté Vincent comme stagiaire. Dans ce faubourg bruxellois, Vincent s'imagine déjà évangélisant les populations. L'harmonie règne entre les deux frères qui poursuivent leur correspondance. Leurs retrouvailles ont la saveur de la complicité d'autrefois. Enthousiastes, excités l'un et l'autre par la perspective d'un avenir plus radieux, ils marchent, seuls au monde, comme à Zundert. Au musée, ils s'arrêtent devant les mêmes toiles de Leys ou de De Groux. Vincent sait exprimer leur émotion : « Que de beautés nous offre l'art. À condition de retenir ce qu'on a vu, on n'est jamais vide, ni vraiment solitaire, ni jamais seul [1]. »

Synonyme de bonheur partagé, cette magnifique journée est de celle dont on se souvient. Theo offre à Vincent deux gravures et achète pour lui une eau-forte *Les Trois moulins.* Theo parti, Vincent éprouve le besoin de lui écrire pour prolonger la magie de ce moment précieux. Il ajoute un petit dessin, *Au charbonnage,* exécuté près d'un chemin de halage ; il représente un estaminet où les ouvriers viennent manger leur pain. Une misère qu'il touchera de près.

Dès le lendemain, nouvelle déception pour Vincent : il n'est pas reconnu apte au métier de prédicateur. Abattu, il part enseigner la Bible dans une région minière proche de la frontière française. Puis, en janvier 1879, il obtient la permission d'aller prêcher pendant six

1. Lettre de Vincent à Theo, 126 N.

mois, à Wasmes, dans le Borinage, le pays désolé des gueules noires. Après avoir découvert la dure existence des ouvriers de la banlieue londonienne, le voilà confronté à la misère du peuple belge. Une expérience qui le meurtrit et le bouleverse. Il témoigne de ce pitoyable Borinage : « Autour du charbonnage, des misérables cahutes de mineurs et quelques arbres morts noircis par la fumée, des haies de ronces, des tas de saletés et de cendres, des montagnes de charbon inutilisable [1]. » À ses côtés, de pauvres enfants ressemblant à des spectres. Des femmes éreintées sous le poids des sacs de charbon.

Venu porter secours à ces malheureux à travers sa foi ardente, Vincent s'aperçoit qu'ils ont beaucoup plus besoin d'une aide matérielle que d'un discours religieux. Donnant le peu qu'il possède, ses vêtements, son linge, il choisit la voie de l'humilité et de la pauvreté. Désormais, il veut vivre comme eux, partager leur dur labeur. Il ira même jusqu'à descendre pendant six heures dans la mine, ce lieu lugubre et inquiétant où, à chaque instant, un accident peut survenir. Ils s'en souviendront longtemps, les Borins, de leur pasteur à la chevelure rousse, de cet homme bizarre, mais tellement généreux, vêtu de toiles servant à faire des sacs ! Le 16 avril, une explosion de grisou se produit à Frameries, un village proche de Wasmes. « C'est vraiment bouleversant, ce terrible accident. Il sera suivi par une grève. J'espère que cela ne posera pas de difficultés à Vincent… avec toutes les bizarreries qui lui sont propres, il montre un véritable

1. Lettre de Vincent à Theo, 129 N.

intérêt pour les malheureux[1]. » C'est justement son zèle et son engagement social qui irritent ses supérieurs. Sa mission n'est donc pas prolongée. Encore un échec. Qu'importe, Vincent retourne bénévolement dans le bassin houiller, cette fois à Cuesmes. Vivant dans une extrême pauvreté, il poursuit sa tâche charitable.

Cette situation inquiète les parents Van Gogh, qui comprennent difficilement leur fils aîné. « Cela fera dix ans demain que Vincent a quitté notre maison et que je l'ai accompagné chez Goupil pour qu'il travaille. Que de soucis depuis cette date ! Que de peine nous avons ressentie pour lui, jour et nuit ! Nous sommes exténués et fatigués, même si nous avons la foi et qu'il est un enfant de la providence de Dieu[2]. »

Alors, désemparés, ils se tournent comme d'habitude vers leur fils Theo pour qu'il les réconforte : « Nous te donnons l'assurance d'avoir besoin de toi ; tu es notre "couronne"et notre joie[3]. »

Depuis l'entrevue de Laeken, les chemins de Theo et de Vincent ne cessent de s'écarter. D'un côté, Vincent vit dans le plus grand dénuement. De l'autre, Theo gravit les marches de l'ascension sociale. Au début de l'année 1879, à La Haye, il obtient une augmentation, ainsi qu'une prime exceptionnelle, probablement en récompense de sa prestation lors de l'Exposition. Ses parents apprécient le geste. En avril, M. Tersteeg lui annonce

---

1. Lettre inédite de Pa à Theo, 23 avril 1879, b2469V/1982. Fondation Vincent van Gogh.
2. Lettre inédite de Pa à Theo, 7 août 1879, b2488V/1982. Fondation Vincent van Gogh.
3. Lettre inédite de Pa et Moe à Theo, 10 août 1879, b2491V/1982. Fondation Vincent van Gogh.

une participation aux bénéfices et la promesse de bientôt aller travailler à Paris. À l'évocation de cette nouvelle, le pasteur paraît surpris, mais congratule son fils : « Nous étions étonnés par le contenu de ta lettre et par le projet de repartir à Paris. Eh bien, mon garçon, c'est un grand changement... Comme cela serait merveilleux que tu puisses avoir une vraie fonction et gagner ainsi la confiance de ces Messieurs [1]. »

En réalité, la proposition a d'abord enchanté Theo, qui a évoqué avec Tersteeg l'avenir de sa carrière. Cependant le poste offert et le salaire proposé ne correspondent pas à ses attentes : Theo n'aura qu'une position d'assistant dans une des succursales parisiennes, celle du faubourg Montmartre. Pa, surpris, se pose des questions : « Tu dois être déçu... Est-ce qu'il peut exister, derrière tout cela, une autre signification ? Tu m'avais parlé d'intrigues et des jalousies chez certains employés...

Est-il possible de vivre avec cent cinquante francs par mois à Paris ? ... Maintenant ce sera doublement difficile, parce que tu y étais allé dans de meilleures conditions... Ne prends pas de décision hâtive [2]. »

Moe se trouve justement à Paris, au chevet de l'oncle Cent, très souffrant. Elle découvre avec surprise le train de vie luxueux de son beau-frère, une façon de vivre qu'elle n'imaginait même pas. Elle le met au courant de la proposition faite à son fils. L'oncle Cent, malgré la

---

1. Lettre inédite de Pa à Theo, 28 mai 1879, b2480V/1982. Fondation Vincent van Gogh.
2. Lettre inédite de Pa à Theo, 30 mai 1879, b2481V/1982. Fondation Vincent van Gogh.

toux qui le gêne, s'en entretient pendant quelques instants avec M. Boussod. Moe rapporte la conversation à son fils : « Oncle n'est pas très content, mais il a précisé qu'il fallait que tu te fasses à cette décision. Boussod lui a dit que tu devais commencer au bas de l'échelle pour ensuite grimper les échelons [1]. » La route qui mène au succès est décidément pavée d'obstacles ! Mais l'éducation protestante inculquée par les parents Van Gogh a préparé Theo aux efforts nécessaires pour progresser. Il se plie donc à l'avis général et accepte de quitter La Haye pour Paris, malgré les conditions peu satisfaisantes, espérant humblement s'y faire une place. Départ prévu : le 6 octobre 1879. L'installation définitive se fera en novembre de la même année.

Avant ce voyage, le 14 août 1879, Theo rend visite à Vincent – toujours à Cuesmes –, alors que les deux frères s'écrivent moins. Durant cette période, tout semble les opposer. L'un a des objectifs, des perpectives pour l'avenir, une volonté d'entamer une carrière de marchand d'art. L'autre se débat dans un monde de miséreux, sent que sa foi l'abandonne, que la réalité le rattrape ; il fuit sa peine en faisant de petits croquis.

Alors qu'ils se promènent non loin de la fosse abandonnée que l'on appelle « La Sorcière », ils réalisent qu'ils sont devenus des étrangers l'un pour l'autre. Face à un Vincent misérable, Theo, exaspéré, se fait le porte-parole de la famille : « Pa, Moe, les oncles, Anna, ne comprennent pas que tu ne sois pas encore capable de gagner ta vie. Toi, Vincent, le seul à qui on ait permis de

1. Lettre inédite de Moe à Theo, Paris, 2 juin 1879, b2483V/1982. Fondation Vincent van Gogh.

faire des études. » Il reproche à Vincent de « jouer les rentiers » et, pour étoffer ses remontrances, égrène les métiers qu'il pourrait exercer. L'énumération va de lithographe d'en-têtes pour factures ou cartes de visite à comptable, en passant par apprenti charpentier ou boulanger. Theo laisse un frère, en plein désarroi. Leur amitié et leur confiance réciproques s'envolent au cours de ce rendez-vous. Le silence épistolaire s'installera entre les deux frères pour près d'un an (d'octobre 1879 à juillet 1880).

À Paris, Theo, en employé consciencieux, souhaite prouver sa volonté de s'intégrer au personnel de la galerie. Il travaille avec sérieux, fait des progrès, espérant que ses efforts seront remarqués.

Le tournant décisif de Vincent

Pendant ce temps, Vincent lutte pour trouver un sens à sa vie. La misère qu'il a côtoyée le déprime. Il a peint les pauvres gens, estimant qu'il devait vivre comme eux, et partager leurs peines : il a couché sur la terre nue, s'est nourri de quelques croûtons reçus par charité, a partagé son pain avec de vieux mineurs. C'est dans ce contexte misérable, en juillet 1880, à l'âge de vingt-sept ans, que Vincent sent son énergie revenir. Il veut trouver une nouvelle règle de conduite : se concentrer sur le seul objectif qui lui offre quelque espoir, son goût pour la peinture. Il décide alors, encouragé par Theo de donner un nouveau but à son existence et de consacrer sa vie à l'art, auquel il donne un sens mystique. En même temps, il apprend que l'argent que ses parents lui versent est envoyé par Theo. Il écrit à son frère « à contrecœur », pour le remercier. Dans cette longue et poignante épître, Vincent fait le bilan de ses échecs, de ses erreurs ; il essaie de rétablir un lien, de restaurer la confiance qui régnait entre eux. « Sais-tu ce qui fait disparaître la prison, c'est toute affection profonde, sérieuse. Être amis, être frères, aimer cela ouvre la prison par puissance souveraine, par charme très puissant[1]. » Dans l'énorme correspondance de Vincent à Theo, il s'agit d'un document capital qui permet de comprendre l'évolution de Vincent et sa prise de décision. C'est une mise au point nécessaire avant d'effectuer un tel changement. Il va repartir de l'avant, cette fois avec son frère. Faire la route ensemble ! Son rêve depuis longtemps. Touché par cette lecture, Theo prend alors une décision importante : il va prendre en main la carrière de Vincent. Puisque son frère veut peindre, il peut lui prodiguer des conseils, lui faire part de ses réflexions en matière d'art, le soutenir moralement et matériellement. Désormais, il versera cent francs par mois, puis rapidement cent cinquante : le matériel de peinture, les modèles, la nourriture coûtent cher.

Toute sa vie, Theo respectera ce pacte. Quelles sont les raisons d'un tel engagement ? Leur passion commune pour l'art ; la symbolique du serment de Rijswijk ; l'affection qu'il éprouve pour son frère ; sa générosité naturelle.

La double vie de Theo

Dans son activité professionnelle, Theo continue à gravir les échelons. En employé modèle, il s'active avec ardeur dans la galerie. Ses parents n'en continuent pas

1. Lettre de Vincent à Theo, 133 F.

moins à le traiter comme si, à vingt-trois ans, il était encore un petit enfant. Moe lui prodigue ses conseils : « Avant de partir pour la galerie, fais en sorte de bien manger, parce que la façon dont tu décris ta vie, il faudrait que tu sois maître de tes nerfs pour rester physiquement très très fort [1]. » Cette sollicitude n'a d'égale que celle du pasteur : « Alors, continue de penser aux règles pour pouvoir rester en bonne santé : une bonne alimentation, un sommeil raisonnable. Et garde un œil vers Celui qui est la source du bien [2]. »

Environ un an après son retour à Paris, Theo voit ses efforts couronnés de succès : la direction lui confie des responsabilités. En février 1881, il obtient, si jeune, le poste de gérant de la petite galerie Goupil, au 19, boulevard Montmartre. Toute la famille le félicite encore chaleureusement. À cette occasion, Vincent lui adresse une lettre en langue française, comme pour célébrer l'événement.

Theo paraît désormais jouir d'une situation stable et confortable : il gagne quatre mille francs par an, soit environ trois cents francs par mois [3]. C'est un salaire honorable qu'envierait plus d'un. Ce montant fait ressortir l'importance de la somme qu'il soustrait chaque mois pour Vincent, exactement la moitié. Sans compter qu'il aide les autres membres de sa famille. Pour s'en sortir financièrement, il est tenu de se montrer

1. Lettre inédite de Mo à Theo, 5 juillet 1880, b2494V/1982. Fondation Vincent van Gogh.

2. Lettre inédite de Pa à Theo, 5 août 1881, b2236V/1962. Fondation Vincent van Gogh.

3. À titre comparatif, un instituteur débute sa carrière à soixante-quinze francs par mois.

convaincant auprès des clients dans la mesure où il touche une commission supplémentaire sur les ventes de tableaux. Un document atteste qu'en plus de son salaire il perçoit annuellement un pourcentage de sept et demi sur les bénéfices nets réalisés par sa succursale.

Cependant, sa position dans la firme n'est pas et ne sera jamais totalement assurée. En effet, le contrat de travail stipule que MM. Boussod et Valadon détiennent le droit absolu de résilier les fonctions de leur gérant et de se séparer de lui à tout moment, sans être tenus à aucune explication ni à aucune indemnité[1]. Cette situation provoquera chez Theo de véritables crises d'angoisse, tant cette épée de Damoclès est obsédante. Et le manque de reconnaissance de la part de ses employeurs lui gâche la vie.

Ses nouvelles conditions financières lui permettent néanmoins de déménager de sa chambre du 46, rue de La-Tour-d'Auvergne – celle qu'il habitait déjà pendant l'Exposition universelle – pour s'installer, non loin de là, au 25, rue Laval – aujourd'hui, rue Victor Massé –, dans un véritable appartement.

Theo vit et travaille dans le neuvième arrondissement, où palpite à cette époque le cœur de la capitale. C'est le quartier à la mode, celui du Tout-Paris, du Paris galant, du Paris théâtral, littéraire et artistique ; du Paris des affaires, aussi. Un arrondissement à l'architecture typiquement haussmannienne, où se croise une population hétérogène. Un lieu en pleine effervescence, toujours très animé où se jouent toutes les transactions, où se crée toute tendance, où prend naissance toute

1. Document inédit, b4601V/1982. Fondation Vincent van Gogh.

rumeur. Les étrangers y flânent, les Parisiens s'y pressent. Une foule dense – assaillie par les camelots et les bonimenteurs en tout genre – admire les dernières nouveautés du grand magasin *Le Printemps*, s'engouffre dans les restaurants et cafés, se rend au théâtre ou à l'Opéra Garnier – inauguré en 1875. Non loin, rue Drouot, l'Hôtel des ventes attire les collectionneurs et les amateurs d'art. À deux pas se sont implantées des galeries, entre autres celles de Durand-Ruel, de Georges Petit ou de Bernheim, qui défendent les impressionnistes et les artistes avant-gardistes critiqués à l'époque, alors que la célèbre et prospère maison Goupil continue à revendiquer le « bon goût » en matière d'art et à suivre les tendances artistiques à la mode. En effet, Boussod et Valadon ne prennent pas de risques inconsidérés. Leurs artistes, appréciés par la société bourgeoise, incarnent l'ordre moral et bénéficient de l'aval du Salon de Paris. Cette institution exerce une véritable dictature dans le domaine des arts plastiques, détermine la conception artistique dominante, les achats de l'État, les commandes officielles, la tendance du marché de l'art et conditionne la carrière des peintres. Sans la bénédiction du Salon, les artistes ont peu de chance de réussir, de se faire un nom et de vivre décemment de leur peinture.

En dehors de la galerie gérée par Theo, la maison Goupil possède, depuis 1872, un établissement principal installé au 2, place de l'Opéra. Un endroit luxueux et guindé où les riches collectionneurs s'émerveillent devant les peintures mises en valeur par un éclairage subtil, et où triomphe l'académisme : de pompeuses scènes historiques, des sujets militaires, des nus lisses et roses. Nus allégoriques de Cabanel et Bouguereau ; nus de style néo-grec de Gérôme, chef de file de ce classicisme apprécié. Décoré de la Légion d'honneur, membre de l'Académie française, à la fois gendre d'Alexandre Goupil et beau-père d'Étienne Boussod, il est l'un des peintres les plus côtés de cette seconde moitié de siècle. Ses tableaux se vendent à des prix astronomiques. Il contribue à lui seul à la gloire de la maison Goupil. Son contrat d'exclusivité, quant à la reproduction de ses œuvres, rapporte à la galerie d'énormes bénéfices. Son prestige dépasse les frontières, puisque de jeunes peintres du monde entier se targuent d'avoir suivi son enseignement aux Beaux-Arts. Toute son œuvre reflète les poncifs de l'art officiel : hiérarchie des genres, primauté du dessin, études systématiques des drapés et du nu, refus du travail en plein air, facture lisse et touche non apparente, références constantes à l'Antiquité et à la Renaissance italienne. Ennemi acharné du renouveau, il se déchaîne contre les impressionnistes. En 1884, la rétrospective Manet, dont les tableaux trouvent un certain écho auprès de ses étudiants, déclenche sa fureur : « Voilà bien le résultat des cochonneries que certains intrigants ont tenu à vous mettre sous les yeux[1] ! » Cette nouvelle tendance défraye la chronique depuis 1874, année de leur première exposition chez le photographe Nadar. Pissarro, Cézanne, Degas, Renoir, Sisley, Guillaumin, Berthe Morisot, Monet : des noms qui ne signifient rien encore. À cette époque, le grand public déteste ces tableaux considérés comme « mal finis », venant à l'encontre du culte traditionnel de la beauté. Les sujets des peintres d'avant-garde, représentant des instants de

---

1. Sophie MONNERET, *L'Impressionnisme et son époque*, Paris, Robert Laffont, Bouquins, 1987, p. 293.

la vie quotidienne, sont peu à leur goût, jugés trop prosaïques et peu dignes d'intérêt.

On ignore si Theo, lors de ses rencontres avec le peintre vedette de la galerie, a eu l'occasion de s'entretenir avec Gérôme des bouleversements du milieu artistique et de l'évolution de la peinture. Si tel fut le cas, les deux hommes ont dû se lancer dans une discussion animée. Il est clair qu'ils avançaient des arguments diamétralement opposés sur ce sujet. En effet, Theo se passionne rapidement pour cette nouvelle façon de peindre, très spontanée, signe d'une libération, d'un affranchissement. La beauté de ces tableaux lumineux, clairs et vibrants, qui captent l'éphémère, le transporte et le fascine. Il éprouve du respect et une profonde admiration pour ces artistes talentueux qui sont en train de révolutionner le monde artistique. Leur esprit de rébellion contre la rigidité ambiante, leur combat mené contre la fixité, le fini et l'ordre de la peinture officielle touchent droit au cœur le jeune marchand hollandais. Intuitif et perspicace, il sait capter l'air du temps et comprend qu'un grand changement est en marche. Peu à peu, et après avoir cerné les différentes tendances de la peinture avant-gardiste, il commence à réfléchir sur les moyens qu'il pourrait employer pour promouvoir cette nouveauté.

Son attirance pour les peintres réalistes, puis pour les impressionnistes et, plus tard, les post-impressionnistes, n'est pas pour plaire à Boussod et Valadon. Cette divergence d'opinion alimente la complexité de leurs relations. Theo est bien obligé de se plier à la ligne directrice de la firme, mais il déplore l'esprit étriqué, les propos et les réactions conventionnelles de ses patrons. Pour échapper à la pesante atmosphère qui règne parfois au sein de la société, Theo éprouve le besoin de se ressourcer et de s'évader loin de ce milieu. Il s'inscrit, en 1881, au Club hollandais pour rencontrer des compatriotes. Là, on évoque le pays, on prend un verre, on joue au billard. C'est dans ces circonstances qu'il croise Andries Bonger, un Amstellodamois, qui deviendra son meilleur ami.

Né en 1861, Andries – dit Dries – est arrivé à Paris en 1879, engagé comme employé chez le courtier Geo Whery. Son salaire n'est pas très élevé et il dort dans un comptoir pliant au bureau, car l'endroit est plus spacieux que chez lui ! Très religieux, il se rend chaque dimanche au temple de l'avenue de la Grande-Armée, pour écouter les sermons du pasteur Bertier. De nature sérieuse et solitaire, Dries ne supporte pas les manières un peu rustres et grivoises de ses compatriotes : « Mais je dois faire exception pour M. Van Gogh, fils du pasteur. Celui-là est doué et a l'art de converser. C'est pour lui que je reste au club[1]. » Tous deux s'intéressent à la littérature, mais leurs goûts différent. Pour Theo, Zola est à la littérature ce que Degas est à la peinture, c'est-à-dire le maître incontesté. Malgré leurs divergences, l'amour de l'art en général, le désir d'apprendre et de se cultiver, tout comme leur solitude à Paris vont les rapprocher. Tous les dimanches, ils se retrouvent devant les chefs-d'œuvre du musée du Louvre, discutent des évolutions dans le milieu de la peinture, confrontent leurs points de vue. Theo ne manque pas d'expliquer à Dries ses découvertes artistiques, se montrant beaucoup plus audacieux dans ses préférences que son ami.

1. Lettre inédite d'Andries Bonger à ses parents, 27 août 1881, b1673V/1970. Fondation Vincent van Gogh.

Leur amour de la nature les réunit également. Ils entreprennent de longues balades en forêt. Theo est toujours aussi nostalgique de sa campagne natale : « Le calme dehors me transporte. La fatigue due à l'ivresse du grand air, c'est magnifique [1]. »

Dernier point commun entre les deux jeunes gens, leur difficile adaptation dans la capitale française. Theo ne s'est jamais vraiment intégré à la vie parisienne et s'y sent souvent mal à l'aise. Les façons de se comporter des Français le déroutent et le gênent. Il a été élevé dans une famille où il est normal d'être honnête, droit avec les autres, de leur faire confiance et d'établir des relations sincères. Il déplore le côté superficiel des personnes qu'il côtoie : « Plus on rencontre les gens, plus l'on s'aperçoit qu'il y en a qui se cachent derrière des expressions conventionnelles. Et dans ces conversations, même s'ils disent qu'ils sont francs et droits, en fait ils sont très souvent vides et faux. Bonger et moi nous nous le disons tant [2]. » Il se plaint régulièrement du manque de chaleur et de l'indifférence des Parisiens. Il écrit avec nostalgie et mélancolie : « Je suis entouré de gens pour lesquels j'ai beaucoup de sympathie. Et, pourtant, il n'y a rien qui paraît ressembler à une relation plus intime, comme cela existe en Hollande. On rencontre des gens dans la rue, au restaurant, dans les cafés, parfois dans leur maison, mais, même à ce moment-là, on a le sentiment d'être dans une salle d'attente de laquelle on va bientôt partir. On ne voit rien dans la vie telle que l'on peut la voir chez

1. Lettre inédite de Theo à Jo Bonger, 6 février 1889, b2008V/1982. Fondation Vincent van Gogh.

2. Lettre inédite de Theo à Lies, 13 octobre 1885, b0903V/1962. Fondation Vincent van Gogh.

nous. On ne peut s'apercevoir si Untel est heureux ou malheureux[1]. »

C'est peut-être pour cette raison que Theo, qui à la galerie doit se montrer distingué, toujours correctement vêtu dans des costumes trois pièces afin de plaire à la clientèle bourgeoise, se sent attiré par la vie de bohème, la vie nocturne. L'esprit, insolent et, en même temps, tellement libre des artistes, le séduit. Theo s'émancipe de l'univers strict et guindé de la société Goupil en se rendant régulièrement à Montmartre, un quartier regroupant alors des habitations modestes investies par les poètes et les peintres impressionnistes. Ce coin de Paris devient le symbole la bohème parisienne et Montmartre se fait une réputation à travers leurs vers, leurs chansons, leurs récits, leurs tableaux. Les artistes aiment s'y retrouver en raison du caractère encore « villageois » du quartier, de l'esprit frondeur qui s'en dégage. En compagnie des gens du peuple, loin des conventions, ils peuvent vivre comme ils aiment, être eux-mêmes. Au *Moulin de la Galette*, une guinguette aménagée autour d'un ancien moulin à vent – peinte par Renoir en 1876 –, hommes et femmes dansent au son de l'accordéon.

La Nouvelle-Athènes devient le rendez-vous favori de ces artistes. Le *Café Guerbois*, qui fut jusqu'en 1875, le haut lieu de l'impressionnisme, est délaissé, ses réunions du jeudi n'étant plus qu'un souvenir. La brasserie de la place Pigalle le supplante, cet endroit convenant parfaitement à l'enthousiasme de ces hommes bouillonnants. Ce café est célèbre pour avoir été le lieu de réunion des dissidents sous le régime de Napoléon III. Les artistes

1. Lettre inédite de Theo Van Gogh à Lies, 28 décembre 1885, b0904V/1962. Fondation Vincent van Gogh.

y trouvent une certaine analogie : ne sont-ils pas, eux aussi, des résistants en lutte contre le pouvoir du Salon ? Renoir et Degas, qui habitent non loin, en sont des habitués. C'est au café *La Nouvelle-Athènes* que Degas peindra son tableau *L'Absinthe,* une composition représentant ses amis, le pittoresque graveur et peintre Marcellin Desboutin et l'un des modèles préférés des impressionnistes – Ellen Andrée –, tous deux installés à une table, le premier devant une boisson innocente, la seconde devant le breuvage destructeur. Manet, Raffaëlli, Pissarro, Gauguin, Caillebotte et Monet, lorsqu'il se trouve à Paris, se joignent à Renoir et à Degas. Il n'est pas rare non plus d'y croiser des hommes de lettres comme Burty – grand mécène des impressionnistes – ou Duranty, fondateur de la revue *Réalisme* et auteur du livre *La Nouvelle Peinture à propos du groupe d'artistes qui expose dans les galeries Durand-Ruel.* Et, bien entendu, Zola ! Ici, tous, jusqu'aux garçons de café, participent aux discussions enflammées sur l'art ; impressionnistes, néo-impressionnistes, divisionnistes prêchant pour leur paroisse. Pissarro entraîne ses amis néo-impressionnistes dans cet établissement. Seurat et Signac côtoient Gauguin et Guillaumin, avec lesquels ils ne s'entendent guère, ou encore Toulouse-Lautrec. Tout ce joyeux groupe investit les cabarets, où se répand la vague verte de l'absinthe, un alcool si fort et si nocif qu'il rend fou.

C'est ainsi que les cabarets deviennent à la mode et font la renommée du quartier. Les plus prisés : le *Cabaret des Assassins* – qui deviendra le *Lapin Agile*, le *Mirliton* où Aristide Bruant, poète et chansonnier, prend à partie les clients, et le *Chat noir.* Rodolphe Salis, le peintre picard entend faire de son établissement un cabaret littéraire où le talent, l'insolence et la provocation incarneraient l'esprit montmartrois. En 1881, dans son atelier du boulevard Rochechouart, il avait fondé le *Chat noir*, souvenir d'un tableau qui lui avait été commandé d'après une nouvelle d'Edgar Poe. En 1885, fort de son succès, le *Chat noir* est transféré de ses locaux trop exigus vers la rue Laval, tout près de chez Theo, qui pourra s'y rendre encore plus facilement.

Le déménagement du cabaret fait grand bruit ; une parade est organisée pour fêter l'événement. Les riverains, goguenards, en profitent et s'amusent.

Une fois passée l'entrée du cabaret, défendue par un garde suisse armé d'une hallebarde, l'environnement de bric et de broc a de quoi surprendre. Émile Goudeau le décrit ainsi : « Un chat en potence, encore un chat sur le vitrail, des tables en bois, des sièges carrés, massifs, solides, d'énormes clous de la Passion, des tapisseries étendues le long des murs au-dessus de panneaux diamantés, arrachés à de vieux bahuts [1]. » Pour compléter le tableau, une cheminée décorée d'une bassinoire et d'une tête de mort (celle de Louis XIII, plaisantait-on), un comptoir monumental croulant sous des bouteilles et des verres. Aux murs, dessins et gravures de Desboutins, Raffaëlli, Willette, Forain… Les serveurs, habillés en vert comme les académiciens, attendent les visiteurs, surnommés « prince » ou « monseigneur ». L'arrière-boutique est réservée aux familiers qui ont le privilège de côtoyer des hommes politiques ou des personnalités comme Zola. Des poètes, tels Paul Verlaine, Alphonse Allais, Maurice Donnay, Émile Goudeau, des dessinateurs comme Robida exercent leur talent pour le plus

1. Maurice DONNAY, *Autour du Chat noir*, Paris, Grasset, 1926, p. 56.

grand plaisir d'une clientèle d'habitués, composée, au départ d'artistes, d'anarchistes, mais aussi de marginaux, de proxénètes et de filles de joie.

Dans ce temple de l'impertinence, en habitué des lieux, Theo a une table réservée. Il n'est pas rare d'y voir s'installer Henri Rivière, un jeune artiste sans le sou, qui a créé un théâtre d'ombres chinoises.

Tout à fait à l'aise dans cet univers provocateur et grivois, Theo s'y sent accepté. Contrairement à ses journées, ses soirées sont heureuses. Lui qui n'a rien d'un extraverti, d'un original ou d'un excentrique, sympathise curieusement avec ce fort-en-gueule qu'est Salis, le propriétaire. La bohème est un domaine de fantaisie sans contraintes. Là, il goûte au bonheur d'une liberté qu'il est loin de posséder dans son environnement professionnel. À Montmartre, on ne le juge pas. Il peut y exprimer des sentiments et des émotions réprimés ou étouffés dans sa vie quotidienne. Il parle d'égal à égal avec les habitués, aucune différence de classe n'intervient dans les relations. Dans le quartier montmartrois, Theo profite sans retenue des plaisirs de la vie parisienne. Theo y vit, tout simplement. Une nuit, au cours de ses promenades habituelles dans le quartier, il rencontre une femme solitaire et désemparée, qui l'émeut.

Au secours d'une âme perdue

Les détails foisonnent sur la vie sentimentale chaotique de Vincent : entre autres, sa déception avec Ursula, à Londres, son amour exalté, en 1881, pour Kee Voos – sa jeune cousine –, veuve et maman d'un petit garçon, venue à Etten pour les vacances. Concernant la même période, il existe peu d'éléments sur les relations amoureuses de Theo. Dans les lettres adressées à ses parents ou à ses sœurs, rien ne transparaît. La discrétion sur ce sujet est de rigueur au sein de la famille Van Gogh. De toute façon, il est délicat pour Theo de relater sa vie intime à ses proches, encore plus si elle est instable, voire inavouable.

En janvier 1883, dans les écrits de Vincent, il est fait allusion à une femme prénommée Marie. Theo, apparemment troublé par cette jeune personne, a éprouvé le besoin de s'en confesser à son aîné. Il s'interroge : cette relation le dépasse. Sa nature réfléchie et sérieuse est anesthésiée par la force de ses sentiments. Sur ce sujet, Vincent le tranquillise. Un amour dévorant ? Non. De la compassion ? Sûrement. « … En y réfléchissant bien, je me sens plutôt rassuré à ton sujet. Il ne s'agit pas d'une "passion", mais plutôt d'une grande et profonde pitié. Je ne crois pas que cela te rende incapable de réfléchir ; au contraire, c'est une affaire sérieuse qui stimulera et fortifiera les autres facultés et qui augmentera ton énergie, plutôt que de la diminuer [1]. »

Si Theo espère trouver des réponses auprès de Vincent, c'est parce que ce dernier, depuis 1882, partage sa vie avec Sien, une prostituée rencontrée dans les rues de La Haye, une femme dont la déchéance a immédiatement touché son âme charitable. Contre l'avis général de sa famille, et malgré le scandale suscité, leur liaison se poursuit.

Vincent et Sien. Theo et Marie. Deux histoires parallèles d'amours défendues et compliquées. Une

1. Lettre de Vincent à Theo, 259 N.

expérience commune qui resserre, s'il le fallait encore, les liens entre les deux frères. « En somme, il nous est apparu, à toi et à moi, sur un trottoir froid et impitoyable, une lugubre et triste silhouette de femme, et ni toi, ni moi n'avons poursuivi notre chemin, mais nous nous sommes arrêtés et nous avons prêté l'oreille à la voix de notre cœur humain [1]. »

D'origine bretonne, la maîtresse de Theo, dont le patronyme reste inconnu, a donc souffert d'une existence misérable. Pire ! : « Ainsi donc, elle n'a pas seulement connu la gêne et la misère, mais autre chose par-dessus le marché [2] », précise Vincent. Cette « autre chose » qu'évoque avec pudibonderie Vincent signifie certainement la prostitution. On apprend qu'elle a payé les dettes de l'homme avec lequel elle vivait auparavant [3]. En vendant son corps ? Marie est-elle pour autant une prostituée patentée ? Difficile de se prononcer. Il n'était pas rare qu'une femme de condition très modeste soit obligée de se prostituer occasionnellement, soit pour améliorer le quotidien, soit pour faire vivre sa famille. Même des femmes dont le mari avait perdu son travail pouvaient se retrouver sur le trottoir parisien.

Touché par les malheurs de Marie, Theo veut la soustraire à cette sinistre vie. Vincent le conseille : « Il serait souhaitable qu'elle ne vive pas dans une chambre vide, à l'hôtel ou ailleurs, et qu'elle puisse se sentir à l'aise dans une ambiance plus familiale... Plus vite elle retrouvera

1. Lettre de Vincent à Theo, 262 N.
2. Lettre de Vincent à Theo, 267 N.
3. Lettre de Vincent à Theo, 263 N.

des occupations normales et un milieu convenable, mieux ça vaudra [1]. »

Cette relation ne va pas sans poser de problèmes à Theo. Depuis quatre ans, il gravite le jour dans un univers très bourgeois, bien différent de celui qu'il fréquente la nuit. Il s'en inquiète. Vincent aussi : « Il vaut mieux se montrer circonspect vis-à-vis de la société, qui pourrait gâcher toute l'affaire... Comment va-t-on interpréter les choses ? Est-ce qu'elle va te mettre en conflit avec la société [2] ? » Theo sera-t-il obligé de vivre à jamais sa liaison dans le plus grand secret ? En outre, des questions le hantent : « Marie est-elle une femme pour lui ? Le rendra-t-elle heureux ? » Pour Vincent, la chose ne fait aucun doute : Marie sera fidèle et toujours reconnaissante envers l'homme qui lui a permis d'oublier ses souffrances. Marie convient parfaitement à Theo. Il en est convaincu, plus que l'intéressé lui-même.

Un autre problème, plus grave que les soucis de convenance, le préoccupe : la santé de sa compagne. Marie doit subir une intervention chirurgicale : l'ablation d'une tumeur au pied [3].

Le 8 février 1883, Vincent, apparemment soulagé écrit :"Je me réjouis que l'opération appartienne au passé [4]. »

Enfin, vers le mois d'avril, Theo se décide à révéler à sa famille l'existence de celle qui partage sa vie. Son souhait : épouser Marie dans cinq mois. Une telle

1. Lettre de Vincent à Theo, 260 N.
2. *Ibid.*
3. Lettre de Vincent à Theo, 264 N.
4. Lettre de Vincent à Theo, 265 N.

nouvelle s'abat comme la foudre chez les Van Gogh. Pa et Moe étaient bien loin d'imaginer ce qui se tramait à Paris. D'un seul coup, la présence d'une femme dans la vie de leur fils leur est révélée et un futur mariage leur est annoncé. Effondrés, les parents se concertent : comment Theo, leur espoir, leur fierté, peut-il envisager d'épouser une femme de cette condition ?

Le syndrome Vincent l'aurait-il frappé ?

Il faut réagir. Pa prend la plume. Sur le papier, il exprime leur désapprobation quant aux projets insensés de leur fils. Il faut absolument qu'il renonce à une telle folie, c'est la seule marche à suivre.

Vincent, solidaire de Theo, réagit violemment à la prise de position de leurs parents. En réalité, il transpose la situation sur sa propre histoire avec Sien : « Je trouve indiciblement scandaleux et absolument impie de leur part, de reprendre la même objection dans ton cas, alors que tu as un emploi stable et de jolis revenus [1]. » En revanche, Theo semble moins combatif, moins virulent… et il n'épousera pas Marie. Se range-t-il à l'avis de ses parents pour ne pas les peiner ? Peut-être. Vraisemblablement, trop d'incertitudes, de difficultés ont eu raison de cette relation. On ne se marie pas par pitié. Theo aspire au grand amour… et ce n'est pas Marie. Il en est convaincu.

Mais la rupture sera difficile. Une lettre de Vincent confirme la poursuite de leur relation jusqu'au début de l'année 1884.

1. Lettre de Vincent à Theo, 288 N.

Le soutien de la famille

En gagnant son indépendance à Paris, Theo s'est attribué la position écrasante de soutien de la famille. Il se charge désormais, à la place de ses parents, de prendre les décisions essentielles, surtout celles qui concernent Vincent.

Pa et Moe, impuissants et dépassés par le comportement étrange de leur fils aîné, ont renoncé depuis longtemps à l'influencer. Puisque Theo soutient son frère depuis qu'il se consacre à la peinture, il lui incombe la tâche de s'occuper de tout ; notamment de trouver des solutions quand les vicissitudes de la vie le réclament. Une lettre de Vincent confirme cette situation : « Pa m'a dit, lors de sa visite : "Écris à Theo et discute avec lui de ce qui serait le moins coûteux et conviendrait le mieux[1]." »

Dans le combat que livre Vincent pour assumer sa destinée, son seul soutien est Theo. Ce dernier, qui, à Paris, participe à l'effervescence du monde culturel, transmet à son frère, isolé en Hollande, ses impressions et ses découvertes. Il l'aide du mieux qu'il peut, lui envoyant, entre autres, des reproductions de Millet – le maître entre tous pour Vincent. Pendant que l'aîné suit durant quelque temps, à Bruxelles, des cours à l'académie des Beaux-Arts, Theo l'incite à faire la connaissance d'Anton Van Rappard, un jeune peintre hollandais. Malgré la différence de leur classe sociale – Rappard est issu d'une famille aisée – Theo espère que les deux hommes parviendront à confronter leurs connaissances picturales. La rencontre est positive et Van Rappart

1. Lettre de Vincent à Theo, 142 N.

restera, en effet, un ami fidèle de Vincent jusqu'en 1885, date de leur brouille à propos du tableau qui deviendra l'œuvre principale de la période hollandaise de Vincent, *Les Mangeurs de pommes de terre*.

La relation si forte entre les deux frères ne se passe pas sans heurts. Vincent a un caractère difficile ; ses colères, ses perpétuels reproches, ses paroles excessives ont de quoi irriter le plus placide. Theo, diplomate à l'extrême, supporte la plupart des débordements. Sauf quand Vincent blesse Pa et Moe. Alors, le cadet n'hésite pas à remettre en place son aîné. C'est le cas après le départ de Vincent d'Etten pour La Haye : « Je trouve bon que tu te sois installé à demeure à La Haye, et je me propose de te venir en aide dans la mesure de mes moyens… Mais ce que je ne trouve pas bon, c'est la façon dont tu as quitté Pa et Moe. Je veux bien croire que tu n'aurais pas pu tenir plus longtemps là-bas, et même qu'il est naturel que tu aies des divergences de vue avec des gens qui ont passé toute leur existence à la campagne et qui n'ont pas eu l'occasion de connaître la vie moderne, mais quel démon t'a donc rendu assez puéril, assez insolent, pour avoir fait exprès d'agir de cette façon avec Pa et Moe ? Tu leur as rendu définitivement la vie bien amère, sinon impossible… N'est-il pas blessant pour Pa de se voir traiter comme une chose négligeable, par quelqu'un qui prétend avoir des idées beaucoup plus libres que lui, dont il lui arrive peut-être d'envier au fond du cœur les vues plus lucides que les siennes ? Est-ce que sa vie ne compte donc pour rien ? Je ne te comprends pas [1]. »

1. Lettre de Theo à Vincent, 169 N.

Malgré cette incompréhension, malgré les conflits, malgré tout, Theo veille sur Vincent. Son engagement comporte des devoirs. Il en a tout à fait conscience et va au bout de sa démarche. Au centre de leur relation domine toujours la question d'argent. Vitale pour que Vincent poursuive son œuvre, cette constante préoccupation est une source d'angoisse pour Theo. Chaque mois, il se doit de verser ce qu'il a promis à son frère, depuis 1880. Par ailleurs, sa famille compte également sur lui. Depuis toujours, le pasteur n'a jamais bien gagné sa vie. Il termine sa carrière à Nuenen avec un salaire de onze cents florins par an. Pour le soulager, Theo participe régulièrement aux dépenses de ses parents. Grâce à son aide, Cor, le plus jeune frère, peut suivre des cours d'apprentissage dans la métallurgie.

Cette perpétuelle question d'argent gâchera toute la vie de Theo. De sérieuses difficultés surgissent, fin 1883, à la galerie, tandis que Vincent peint dans la Drenthe, une région marécageuse du Nord de la Hollande, au climat très rude. Vincent s'y retrouve seul, après la rupture avec Sien, décision prise sous la pression de Theo qui a servi de négociateur entre ses parents et son frère pour calmer les esprits. Un semblant de paix règne au sein de la famille. Pas pour longtemps !

Cette fois, c'est Theo qui se retrouve dans la tourmente : entre autres, les résultats de ventes en août 1883 ont été décevants. Par ailleurs des divergences d'opinion entre ses employeurs et lui se font jour concernant la marche à suivre à propos du commerce de l'art... Theo désire ouvrir la galerie à de nouveaux marchés alors que les directeurs de la maison Goupil s'y refusent. Les discussions reviennent régulièrement avec plus ou moins d'âpreté. En cette fin d'année, la situation semble désespérée, intenable. Theo ne supporte plus d'être considéré comme un vulgaire petit employé sans réel pouvoir. Dans ces périodes délicates, sa nature mélancolique reprend le dessus ; des idées sombres le tenaillent. Il est tiraillé entre l'envie de tout abandonner et la nécessité de continuer pour soutenir sa famille.

Connaissant bien son frère, et souffrant des mêmes contradictions, Vincent le rassure en lui rappelant qu'il n'est pas seul. Suivant son caractère, il s'emporte, donnant raison à Theo. C'est l'occasion pour lui de dénigrer la maison Goupil, symbole de ce camp de profiteurs qui gagnent de l'argent sur le dos des artistes. Il conseille à Theo de ne pas se montrer docile, de réagir énergiquement contre les humiliations des directeurs de la firme. Pas d'atermoiements : « C'est trop pour le supporter seul, je suis payé pour comprendre ce que c'est. Voyons, retranche-toi dans ton droit, tâche de ne pas te laisser démonter par ton chagrin ; si ces messieurs se comportent de la sorte, tu dois défendre ton honneur, n'accepte ton congé qu'à des conditions qui te garantissent une autre situation [1]. » C'est exactement le contraire de ce que conseillent Pa et Moe : « Laisse faire le temps si tu as des difficultés… Arme-toi contre elles et sois sage et courageux [2]. »

De son côté, Theo est las d'être docile, sage. Dans la galerie, regardant l'incessant va-et-vient des passants sur

1. Lettre de Vincent à Theo, 332 N.

2. Lettre inédite de Pa et Moe à Theo, 1er octobre 1883, b2245V/1982. Fondation Vincent van Gogh.

le boulevard, il rêve d'un ailleurs. L'Amérique, pourquoi pas ? New York, qui compte un public plus ouvert aux mouvements avant-gardistes, serait peut-être la promesse d'un nouveau départ. Ouvrir sa propre galerie, être enfin pris au sérieux. Theo fait part de ses intentions à ses oncles et, en même temps, il poursuit son apprentissage de l'anglais.

Theo en Amérique ! Une perspective qui effraie Vincent. S'il encourage le départ de son frère de la galerie Goupil afin de travailler chez un autre marchand d'art, il ne peut envisager la possibilité de le voir s'installer si loin de lui. Comment pourrait-il se maintenir en vie sans Theo, sans ces racines, sans ces liens si forts ? Pour le convaincre de rester, il l'exhorte à devenir lui-même un peintre. Une idée qu'il avait déjà exprimée à La Haye, mais sans insister : « Je ne sais pas si, au fond, au fond des fonds, tu es vraiment un homme d'affaires. En toi, je vois plutôt l'artiste, le véritable artiste… Je ne puis m'empêcher maintenant d'imaginer un avenir où ce n'est pas seulement moi, mais toi et moi qui serions peintres, travaillant ensemble, en camarades, ici, dans ce pays de tourbières [1]. »

Exalté, Vincent échafaude des plans de carrière pour eux deux, calcule combien il leur faudrait d'argent pour vivre dans la Drenthe. Cette région si peu hospitalière le deviendrait si Theo acceptait de venir le rejoindre. La beauté sauvage de ce paysage désolé remplirait leur cœur d'émotion. L'art comme seule nourriture, quel beau rêve !

Autre possibilité évoquée : le retour de Vincent dans la

1. Lettre de Vincent à Theo, 333 N.

cellule familiale : « Si Theo trouvait opportun de réduire mes frais au minimum et si je venais m'installer quelque temps chez vous, je me plais à croire que nous serions assez intelligents, vous aussi bien que moi, pour ne pas mettre des bâtons dans les roues en réveillant nos dissensions [1]. » Toute la famille serait-elle prête à se sacrifier pour le bonheur de Theo ?

Les solutions proposées par Vincent sont utopiques. Cachent-elles des arrière-pensées égoïstes ou le manque du sens des réalités ? Comment Theo peut-il envisager une carrière des plus aléatoires – celle de peintre – alors qu'il a fait tant d'efforts pour progresser dans celle de marchand d'art ? D'ailleurs, il aime son métier, il ne désire pas en changer. Quelle est la meilleure décision pour assurer le bien de tous ? L'indécision ronge Theo et le tourmente. Ses élans sont freinés par sa nature généreuse et altruiste. Prudent et soulagé, il décide de rester à son poste chez Goupil, d'oublier à regret son rêve américain, de composer avec les impératifs de Boussod et Valadon, de se rappeler qu'il convient d'être humble et courageux. Il applique la ligne de conduite des Van Gogh : « Être un homme qui a de la volonté, avoir une tête qui pense clairement, un cœur honnête [2]. » Telle est la nature de Theo. Son souci d'autrui brimera constamment ses aspirations.

1. Lettre de Vincent à Theo, 332 N.
2. Lettre de Vincent à Theo, 333 N.

Chapitre 4

Des exigences angoissantes (1884-1888)

Face au refus de son frère de venir le rejoindre dans la Drenthe, Vincent décide finalement de s'installer pour quelque temps à Nuenen où, depuis 1882, son père exerce ses fonctions. La population de ce village compte alors environ deux mille cinq cents habitants, en grande partie d'obédience catholique, essentiellement composée de tisserands et de fermiers. C'est la plus modeste de toutes les paroisses confiées à Dorus. À croire que le pasteur rejette totalement toute promotion.

À peine arrivé chez ses parents, Vincent se heurte à son père, déversant sa colère sur celui qui représente la soi-disant moralité chrétienne. Leurs relations se dégradent très vite et l'ambiance familiale devient détestable. En outre, Vincent ne dirige pas seulement ses griefs contre Pa, il englobe Theo dans sa critique de la société. Theo, le responsable de tous ses malheurs, devient sa cible favorite, son défouloir, son souffre-douleur.

Chaque lettre qu'il adresse à son frère contient désormais une avalanche de reproches. Le destinataire, furieux, n'en peut plus. Qu'a-t-il fait pour mériter une telle attitude ? Pa lui conseille de rester serein : « Tu vas sûrement recevoir une lettre de Vincent, mais surtout ne t'accroche pas trop avec lui. Il n'est pas bien et se sent fiévreux. Je voulais te demander de rester calme. Il est très irrité et irritable[1]. » Mais comment Theo peut-il garder son sang-froid alors qu'il se voit accusé de tous les maux de la terre ? Abnégation et patience ont des limites.

Vincent rend son frère responsable de sa rupture avec Sien. Par bravade, il annonce qu'il compte vivre de nouveau avec elle. La réponse de son frère est efficace et tranchante : comment se débrouillera-t-il, sans argent, pour entretenir Sien ? Vincent, au lieu de se taire, s'insurge violemment. Leurs rapports s'enveniment : si Theo désapprouve ses choix et sa manière de vivre, ce n'est pas la peine qu'ils poursuivent leur amitié : « Si je ne rompais pas avec toi, tu seras un jour Pa II dans ma vie[2]. »

Une soif de reconnaissance

Ce que Vincent désire au plus profond de lui-même, c'est la reconnaissance de sa peinture par Theo : « Je sais, moi, précisément parce que nous nous sommes attelés à la tâche en amis, en nous respectant réciproquement, je sais que je ne saurais admettre que ça dégénère en protection. – Theo, je ne veux pas devenir ton protégé... Tu ne fais absolument rien pour me procurer un peu de distraction, alors que j'en ai parfois grand besoin – en me créant des relations ou en m'assurant les moyens de me

1. Lettre inédite de Pa à Theo, 22 août 1884, b2256V/1982. Fondation Vincent van Gogh.

2. Lettre de Vincent à Theo, 358 N.

distraire de temps à autre... Tu ne peux me procurer un enfant, tu ne peux me procurer du travail. Mais de l'argent, oui. À quoi me sert-il si je dois me priver du reste. Ton argent demeure stérile[1]... »

Les échanges entre les deux frères prennent l'allure d'une véritable relation passionnelle, avec ses exigences, ses amertumes et ses coups d'éclat. Presque une passion amoureuse... Vincent engage son frère sur un terrain délicat et épineux : celui de la vente de ses œuvres. Il accuse Theo de ne rien entreprendre pour les commercialiser. Pourtant, à force de travail et d'obstination, ses peintures et aquarelles, toujours de coloris sombres, deviennent plus matures. Il se considère comme un témoin des conditions épouvantables des paysans, des mineurs et des tisserands des régions où il a vécu.

Désormais, Vincent range Theo dans le camp de ses ennemis, c'est-à-dire les marchands d'art ; qu'il méprise car ils se font de l'argent sur le dos des artistes qui donnent tout leur être dans la création. Pour Vincent, Theo s'est embourgeoisé. Sa morale, son style de vie, ont évolué. Ses costumes bien coupés, sa moustache soigneusement taillée en sont les signes révélateurs.

Un fossé très net se creuse entre eux pendant les années 1884-1885. Seul, l'accident de Moe – une fracture du col du fémur – entraîne une trêve. Les deux frères éprouvent la même peine pour la souffrance de leur mère ; sur place, Vincent, prévenant, se charge de lui rendre la vie plus facile. Ce dévouement émeut Moe et Theo.

1. Lettre de Vincent à Theo, 358 N.

La suspension des hostilités est de courte durée. Vincent reprend très vite, avec encore plus de conviction, sa diatribe à l'encontre de Theo. Le ton devient plus agressif. Le peintre écrit qu'il désire de plus en plus vivre de son travail. Il méprise son frère comme les dirigeants Goupil : « J'ai crainte plus ou moins qu'on ne me demande un jour : "Dis donc, tu ne fais pas d'affaires avec ton frère ou avec Goupil ?" Eh bien, je répondrai, le cas échéant : "Cela est au-dessous de la dignité de ces messieurs G. & Cie, Van Gogh & Cie"[1]. »

Vincent se montre injuste. Comment Theo peut-il envisager de prendre le risque d'exposer les toiles d'un amateur, et en l'occurence celles de son frère, dans la galerie, tellement conservatrice ? Très intégré dans la vie artistique, il n'ignore pas le difficile combat que mènent certains peintres pour être reconnus. Lui qui voudrait, depuis quelques années déjà, exposer les œuvres des impressionnistes – tels Monet ou Degas – qui commencent à juste à trouver un public de collectionneurs fidèles. À force de persévérance, il réussit enfin, en 1884, à vendre à l'amateur Guyotin un paysage de Camille Pissarro pour cent cinquante francs[2]. L'année suivante, ce sont trois peintures qu'il parvient à céder à Victor Desfossés, un important collectionneur parisien : une toile de Sisley, un *Jardin* de Renoir et un paysage de Monet[3]. Certes, ces ventes ne sont pas énormes, mais c'est un encouragement. Enfin, il peut, petit à petit, aller

1. Lettre de Vincent à Theo, 358 N.
2. John REWALD, « Theo van Gogh, Goupil and the Impressionists », *Gazette des Beaux-Arts*, janvier 1973, p. 5.
3. *Ibid.*

au bout de sa démarche : commercialiser les tableaux qui le touchent. MM. Boussod et Valadon tolèrent ces transactions, étant donné que leur employé a réalisé, en 1884, un bon chiffre d'affaires, réussite exceptionnelle lorsque l'on sait que la France se retrouve en pleine récession, depuis une dizaine d'années, et que l'année 1884 voit justement un grave effondrement de l'activité économique. Theo a confié cette excellente nouvelle à ses parents, qui s'empressent de le féliciter [1].

Theo, un bon élément pour la galerie, sans aucun doute ! Peu à peu, ses compétences sont reconnues sur la place de Paris. À tel point qu'il reçoit une proposition très intéressante de la part d'un concurrent. Theo la refuse, peut-être parce qu'il a l'impression que ses relations avec ses employeurs s'arrangent [2]. Theo, exaspéré par les lettres de son frère, se mure d'abord dans le silence. Puis, sa colère montant, il réplique sans ménagement à la fureur de Vincent : il trouve ses œuvres sans grande originalité. Sensible à la démarche picturale des impressionnistes et à la luminosité qui se dégage de leurs toiles, il ne semble guère découvrir de valeur – en tous cas, de valeur marchande – au travail de son frère. Theo exagère ! Il place la barre très haut ; une façon de répliquer aux insultes de son frère. Une flèche qui touche Vincent en plein cœur. « En résumé, tu dis à peu près que tu t'occuperais de mes dessins s'ils en valaient la

1. Lettre inédite de Pa à Theo, 30 décembre 1884, b2264V/1982. Fondation Vincent van Gogh.

2. Pierre LEPROHON, *Vincent van Gogh*, Le Cannet, Éditions Corymbe, 1972, p. 163.

peine, si tu pouvais les placer à côté de Millet et Corot[1]. »

De façon paradoxale, Vincent refuse l'aide d'un frère qui ne croit pas en son talent, mais s'empresse, dans chacune de ses lettres, de réclamer sa mensualité. Durant cette période de crise, Theo lui enverra plus d'argent que d'habitude : environ deux cents francs afin que Vincent puisse acheter le matériel dont il a besoin et apurer les dettes contractées à La Haye. Cette nécessité financière, mais aussi un soubresaut d'amour fraternel incitent le peintre à éviter la rupture définitive.

C'est alors que Vincent propose à son frère une sorte de pacte : en échange de ses versements, Theo deviendra propriétaire de la totalité de sa production. Une solution pathétique, celle d'un désespéré, qui, à aucun prix, ne veut couper le cordon ombilical qui le maintient en vie : « Il va de soi que je t'enverrai tous les mois mes œuvres. Ces œuvres seront, comme tu dis, ta propriété ; je suis parfaitement d'accord avec toi que tu auras le droit absolu de ne les montrer à personne et que je n'aurai rien à redire s'il te plaisait de les détruire... Je veux aller de l'avant, il me faut de l'argent pour progresser, j'en cherche à tout prix. Par conséquent, même si je me fichais et contrefichais de toi, je ne romprai pas le lien et je m'arrangerai de tout, s'il le faut, aussi longtemps que l'argent que tu m'enverras tous les mois sans me poser de conditions sur ce que je peux ou ne peux pas faire, me sera utile ou indispensable[2]. » Il conclut de façon

1. Lettre de Vincent à Theo, 362 N.
2. Lettre de Vincent à Theo, 364 N.

cinglante : « L'idée que je me fais de toi et de ton argent contrebalance l'idée que tu te fais de moi et de mon œuvre. »

Cette solution ne convient pas à Theo. Devenir le marchand de Vincent contribue à l'engager encore plus dans leur accord. Cependant, en être bienveillant et sensible, il sait bien que la promesse qu'il a faite à son frère comporte des devoirs de sa part. S'il accepte la proposition de Vincent, c'est par amour fraternel et aussi pour retrouver la paix. À cette époque, il ne décèle pas un talent particulier dans le travail de Vincent. Sûrement parce qu'il n'est pas encore arrivé à maturité. Theo raisonne en marchand averti, qui connaît parfaitement le marché de l'art et discerne immédiatement les toiles qui trouveront acquéreur. Il sait aussi que Vincent travaille avec acharnement pour créer des peintures « acceptables », qu'il y met toute son énergie, toute sa fureur, tout son pouvoir de création… et qu'il a besoin de peindre pour survivre. Pour toutes ces raisons, il ne peut revenir en arrière. Désormais, contre cent cinquante francs par mois, il accepte de recevoir les œuvres de Vincent, d'en être le propriétaire, d'avoir même le pouvoir de les détruire, ce qu'il ne fera jamais, bien entendu ! À ce stade, Theo ne joue plus le seul rôle du père ; il endosse d'importantes responsabilités, celles de la mère nourricière, comme le suggère Viviane Forrester [1]. Cet accord scelle davantage, s'il le fallait, leur

1. *Van Gogh ou l'enterrement dans les blés*, Paris, Éditions du Seuil, 1983, p. 193.

existence parallèle. Vincent et Theo se trouvent inextricablement liés. Un cas exceptionnel dans l'histoire de l'art.

La mort du pasteur

Un événement imprévisible et douloureux va rapprocher ces deux êtres qui s'aiment et se déchirent. Le 26 mars 1885, aux premiers jours du printemps, de retour d'une longue promenade, leur père victime d'une attaque, s'effondre sur le seuil du presbytère. Seulement âgé de soixante-trois ans, il décède subitement. La veille de sa mort, il avait écrit à Theo une lettre pleine de gentillesse, dans laquelle il remerciait son fils « de penser toujours à eux et de leur rendre la vie plus douce par son attention et ses paroles réconfortantes[1] ».

Ce malheur soudain bouleverse toute la famille, y compris Vincent, pourtant en conflit permanent avec Pa. Autre signe du destin : les obsèques se déroulent le jour de son trente-deuxième anniversaire.

Le 30 mars 1885, le pasteur Theodorus van Gogh est enterré au cimetière de Nuenen, près de la vieille tour abandonnée – qui n'existe plus aujourd'hui. En plus de la famille proche, des membres de l'Église réformée et des gens du village, de nombreuses personnes des environs ont tenu à rendre un dernier hommage au dévoué révérend. Beaucoup de fleurs témoignent de

---

1. Lettre inédite de Pa à Theo, 25 mars 1885, b2269V/1982. Fondation Vincent van Gogh.

l'affection ou de l'estime qu'on lui portait. Des paroles chaleureuses sont prononcées près de la tombe ouverte. On loue le courage du pasteur, sa piété, son amour des autres, sa miséricorde. Les larmes coulent. Tous ont le sentiment d'avoir perdu un proche ou un ami. Dorus était une figure de la campagne brabançonne. On évoque avec émotion la silhouette de ce brave homme parcourant à pied des kilomètres sous la pluie ou dans le vent pour prêcher la bonne parole.

Si tous ces témoignages vont droit au cœur de Moe, ils n'apaisent pas sa peine. L'homme qu'elle a tant chéri n'est plus. Toute la famille est près d'elle pour la soutenir dans cette épreuve : les oncles Cent et Cor, le pasteur Stricker, ses sœurs, ses enfants dont Anna et son mari, ainsi que Theo, accouru de Paris à l'annonce de la mort de Pa ; très affecté, le jeune marchand d'art retrouve les siens dans la douleur.

Après l'enterrement, curieusement, la correspondance entre Theo et Vincent ne laisse pas transparaître un sentiment de tristesse particulier. Cependant d'autres témoignages confirment la peine qu'ils ont partagée. Andries Bonger confie à ses parents qu'il a retrouvé, le 4 avril, Theo qui « était encore fort triste en raison de la mort de son père [1] ». Vincent, de son côté, exécute une nature morte en souvenir du pasteur : à côté d'un vase de fleurs – des monnaie-du-pape –, qu'il veut symboliques, d'autant plus qu'en anglais, elles s'appellent « honnêteté », il dessine sa pipe et sa blague à tabac. Dans un autre tableau, qui montre plus nettement la complexité de ses rapports avec Pa, un cierge et une bible

1. Henk BONGER, *Un Amstellodamois à Paris*, *op. cit.*, p. 67.

imposante contrastent avec un roman d'Émile Zola, *La Joie de vivre*, le tout peint dans des tons très lumineux. Le comportement de Vincent, tellement ambigu vis-à-vis du pasteur, prend ses racines dans l'admiration excessive et sans bornes qu'il ressentait pour lui. Depuis l'enfance, Vincent avait placé son père sur un piédestal. Lorsqu'il envisagea d'entamer une carrière d'évangéliste, le pasteur correspondait à un modèle idéal. Puis, au fil du temps, les divergences d'opinion, les querelles à propos de l'Église ont envenimé leurs relations. Une distance s'est ainsi créée. Surtout, Vincent ne lui a pas pardonné d'avoir tenté, après l'échec du Borinage, de le faire enfermer dans un asile, le jugeant trop excentrique, à la limite de la folie.

Pour Theo, il en va tout autrement. Le cadet aimait beaucoup son père sans pour autant l'idolâtrer. Lui a compris qu'il était un fervent croyant qui entendait vivre selon les préceptes de la morale judéo-chrétienne. Toute sa vie, il a mis ses principes en pratique, élevant ses enfants avec amour et rigueur. Éloigné du monde et de ses tentations, ne recherchant ni l'argent ni les honneurs, il manquait parfois d'ouverture d'esprit et de tolérance. Theo ne lui en tenait pas rigueur, acceptant tous les aspects du caractère de ce père qu'il respectait.

Avec la mort de Pa, Theo occupe désormais officiellement la place de chef de famille. Il doit, maintenant, soutenir totalement Moe, Wil et Cor et, bien entendu, Vincent. Tous comptent sur lui. Cette perspective l'inquiète. En effet, s'il gagne honorablement sa vie, il ne faut pas oublier que ce sont surtout les commissions qu'il touche sur la vente des tableaux qui lui permettent une certaine aisance. « Tu as dû fournir une aide extraordinaire aux nôtres, par suite du décès de Pa[1] », reconnaît Vincent. Aussi, lorsque Cor, le petit frère, commence à travailler et à percevoir son premier salaire, on sent chez Theo comme un immense soulagement. Heureux de le féliciter, il s'empresse de lui écrire : « J'ai appris ce matin par Wil que demain, pour la première fois, tu recevras un salaire. Je ne peux pas passer cette journée sans te dire que je veux te souhaiter beaucoup de bonheur. Tu as montré que tu ne manques pas d'énergie... Tu peux gagner ton pain par tes propres forces... Alors continue mon gars et fais attention, tiens-toi debout. Être dépendant est très contraignant pour soi-même et pour les autres. Si tu restes un bon ouvrier, tu vas trouver ton chemin[2]. » Les mots qu'il emploie ressemblent étrangement à ceux que Pa ou Moe utilisaient lorsque lui-même commençait à travailler et à gagner sa vie. Quand Theo cite la dépendance et ses méfaits, il fait bien entendu allusion à Vincent.

Le décès du pasteur a contribué à la réconciliation entre Theo et Vincent, qui paraît heureux et soulagé d'avoir revu son frère, de partager sa peine et de discuter d'art. Le chagrin a effacé la rancœur entre les deux hommes. Lors du passage de Theo à Nuenen pour l'enterrement de leur père, Vincent a entraîné son frère dans le vaste atelier loué au sacristain catholique Schafrath, pour lui présenter ses dernières œuvres, notamment des esquisses du tableau devenu célèbre, *Les Mangeurs de pommes de terre*, une toile très sombre, très

1. Lettre de Vincent à Theo, 398 N.
2. Lettre inédite de Theo van Gogh à Cor, 11 mars 1887, b0907V/1982. Fondation Vincent van Gogh.

réaliste, témoignant de la vie des paysans dans le Brabant : des visages marqués par le dur labeur ; un univers pitoyable, un quotidien que Vincent connaît bien. Immédiatement, la sensibilité de Theo est touchée par cette peinture si forte. Ce sont les prémices d'une reconnaissance tant espérée du travail de Vincent !

Dès son retour à Paris, Theo commence à présenter les œuvres de Vincent à quelques personnes. Il est heureux de pouvoir annoncer à son frère, comme à sa famille, que ses toiles ont reçu un accueil encourageant : « J'étais content de donner de bonnes nouvelles à Vincent. Celui qui m'a donné son avis sur ses peintures est quelqu'un qui a de l'expérience et un jugement sûr. Je n'ai rien vendu, mais cela viendra... Comme je souhaite que son travail porte ses fruits [1]. » Theo a apporté quelques travaux – parmi lesquels *Les Mangeurs de pommes de terre* – à Alphonse Portier. Cet ancien négociant en textiles, reconverti en marchand de couleurs, est en relation avec les peintres impressionnistes comme Pissarro, Monet et Degas. « Plusieurs personnes ont vu son travail, soit chez moi, soit chez Portier, et trouvent que cela est très prometteur. Quelques-uns voient de la beauté dans sa peinture, car elle est vraie et authentique, et représente fidèlement la misère des paysans et des tisserands [2]. »

Theo, cependant, reste prudent. Témoin des difficultés qu'affrontent au quotidien des peintres un peu

1. Lettre inédite de Theo à Moe, 22 avril 1885, b0900V/1962. Fondation Vincent van Gogh.
2. Lettre inédite de Theo à Moe, 19 mai 1885, b0901V/1962. Fondation Vincent van Gogh.

connus, il sait que le chemin ne sera pas facile pour Vincent. C'est déjà un premier pas que la peinture de Vincent touche certains artistes ou connaisseurs. S'il hésite encore à reconnaître le talent de son frère, il sent tout de même qu'une force indéfinissable se dégage de sa peinture. On ne peut que le féliciter d'avoir soutenu et porté son frère, contre l'avis de la plupart des membres de leur famille. Une lettre envoyée à sa sœur Lies résume ses impressions sur Vincent et sur sa peinture : « Tu me demandes des nouvelles de Vincent. Il est une de ces personnes qui a vu le monde de près, et qui s'en est retiré. Nous devons attendre maintenant qu'il prouve son génie. Moi, j'y crois, et quelques personnes aussi, comme Bonger. Quand son travail s'améliorera, il deviendra un grand homme [1]. »

Si la mort du pasteur a permis à Theo et Vincent de se réconcilier, elle provoque, à l'inverse, une rupture entre ce dernier et sa famille. Au moment de régler la succession du pasteur, des discussions surgissent, les ressentiments s'expriment. Les sœurs, Anna en tête, estiment que Vincent n'a pas le droit de percevoir la part d'héritage qui lui revient : leur frère a eu la chance, en tant qu'aîné, de faire des études et, à trente-deux ans, la famille, surtout Theo, doit encore se sacrifier pour l'entretenir. Afin de ne pas aggraver la situation, et devant tant de mesquinerie, Vincent renonce à sa maigre part d'héritage.

L'animosité de sa famille et le souvenir encore présent du suicide raté de Margot Begmann – une femme qui

1. Lettre inédite de Theo à Lies, 13 octobre 1885, b0903V/1962. Fondation Vincent van Gogh.

s'était éprise de lui à Nuenen – le poussent à partir, en novembre 1885, pour Anvers y poursuivre sa carrière. Il s'inscrit à l'académie des Beaux-Arts, en janvier 1886. Très vite, il ne supporte pas l'esprit étroit et l'enseignement de cette école, ainsi que les sarcasmes des autres élèves. Sa solitude le désespère. Se nourrissant à peine, il dépérit de jour en jour. S'il se prive, c'est pour acheter pinceaux et couleurs. À ce régime, il tombe rapidement malade, se plaignant de vertiges et de terribles douleurs à l'estomac. Aussi Vincent désire-t-il quitter cette ville qui le rejette. Une idée mûrit en lui : il voudrait rejoindre l'unique personne qui le comprenne – son frère Theo.

Une cohabitation pesante

Depuis quelques semaines, Vincent manifeste, dans ses lettres à Theo, son désir de venir à Paris. Comme à l'accoutumée, lorsqu'il hésite à céder aux demandes de son frère, Theo ne répond pas ou reste évasif pour ne pas froisser la sensibilité de son aîné. Puis il lui conseille de patienter jusqu'au mois de juillet.

Vincent n'ayant pas de quoi se loger, Theo sera obligé de l'héberger. L'idée de cohabiter avec cet être au caractère impulsif, exubérant, et parfois intolérant, ne le réjouit guère. Bien sûr, les deux frères sont extrêmement liés, mais de là à partager le quotidien, il y a un pas difficile à franchir.

Face à ce silence, Vincent joue l'effet de surprise : aux alentours du 1er mars, Theo reçoit à la galerie un mot de Vincent lui annonçant son arrivée le matin même : « Ne m'en veux pas d'être venu tout d'un trait, j'y ai tant réfléchi et je crois que de cette manière nous gagnons du temps. Serai au Louvre à partir de midi ou plus tôt si tu veux. Réponse s.v.p. pour savoir à quelle heure tu pourrais venir dans la Salle Carrée. Quant aux frais, je te le répète, cela revient au même. J'ai de l'argent, du reste, cela va sans dire, et avant de faire aucune dépense, je désire te parler. Nous arrangerons la chose, tu verras [1]. » L'artiste, désinvolte et déterminé, a donc pris les devants, sans se soucier de l'avis de son cadet. C'est à Paris qu'il veut poursuivre son travail !

Dans les premiers temps, l'effervescence parisienne étourdit Vincent. En effet, la capitale vit un moment particulièrement fécond sur le plan culturel. Un climat artistique riche en tendances novatrices où tous les peintres se côtoient et s'influencent dans une superbe osmose caractérise cette période. En cette année 1886, quatre grandes expositions montrent différents aspects de l'art pictural. En mai, doit se tenir le Salon officiel où les peintures d'Albert Besnard attirent un public bourgeois. Parallèlement, la huitième et dernière exposition des impressionnistes s'ouvre en juin. Elle est marquée par la naissance du post-impressionnisme, dans la mesure où l'impressionnisme semble avoir épuisé son énergie vitale. Georges Seurat expose son tableau, *Un dimanche après-midi à l'île de la Grande Jatte*, qui deviendra le manifeste du pointillisme, un genre pictural qui utilise les lois objectives des scientifiques de l'optique pour remplacer la subjectivité émotionnelle de la vision. Un esthétisme partagé par Paul Signac, par Camille Pissarro et son fils Lucien. Degas, lui, expose une série

1. Lettre de Vincent à Theo, 439 F.

de pastels. Seuls Guillaumin, Berthe Morisot et Gauguin présentent des toiles impressionnistes. À la même époque, Renoir et Monet – dont les œuvres commencent à prendre de plus en plus de valeur – participent à la cinquième Exposition Internationale organisée dans la galerie de Georges Petit, le principal rival de Durand-Ruel. Enfin, en août, le Salon des Indépendants se tiendra aux Tuileries. Seurat doit y exposer son célèbre tableau.

Vincent est comblé : lorsqu'il pénètre dans la galerie que gère Theo, ses yeux ne savent plus où se poser, tant le choix est vaste. Sur les cimaises, des peintures de Corot, de Daumier, des tableaux des peintres de l'école de Barbizon, des œuvres du symboliste Gustave Moreau. Et, dans un coin discret, quelques toiles impressionnistes. Tout ce qu'il voit le transporte d'enthousiasme. Theo ayant ses entrées dans toutes les expositions, Vincent découvre avec bonheur les différents courants de la peinture de cette époque ; en même temps, il se trouve désorienté face à toutes ces conceptions artistiques. Pendant toutes ses années de création solitaire, il a eu du mal à imaginer, à visualiser les diverses tendances et subtilités de l'art, malgré les explications de Theo. Avec frénésie, il se plonge alors, encouragé par ce qu'il voit, dans l'exécution de nouveaux dessins. Inscrit à l'atelier Cormon, il se perfectionne dans l'étude du nu et dans les dessins d'après plâtres.

Vincent redécouvre Paris et apprécie la richesse de la ville qu'autrefois il n'avait pas remarquée, s'enfermant à cette époque dans une chambre avec la Bible pour seule compagnie. La vie parisienne le comble, il se fait des amis dans le domaine artistique, s'ouvrant ainsi à une vie sociale. Sans compter l'enthousiasme qui le porte à créer davantage et à rechercher la nouveauté picturale.

Il en est autrement pour son frère. En raison de l'exiguïté du domicile de Theo, ils décident d'emménager dans un appartement plus spacieux, donc plus coûteux, au 54, rue Lepic, où habite déjà le marchand Portier. Cet immeuble de Montmartre a déjà abrité pendant un temps l'atelier de Cormon. Situé au troisième étage, l'appartement offre une vue sublime et exceptionnelle sur Montmartre. La partie basse de la rue est animée par le marché du quartier et de nombreuses boutiques ; elle contraste avec le haut de la rue, plus tranquille, qui débouche sur la Butte. Une fois passée la porte cochère de l'immeuble, l'entrée pavée de grès, la cour s'ouvre sur un grand jardin d'où émane un parfum de lilas et de rose. Andries Bonger décrit le logement à ses parents : « Ils ont un grand appartement spacieux et tiennent leur maison eux-mêmes. Ils ont pris une cuisinière accomplie [1]. »

En effet, le logement comprend une cuisine et quatre pièces, dont la plus vaste sert d'atelier pour Vincent, qui l'aménage à son gré : un endroit hétéroclite décoré de gravures d'après Millet et de dessins ou de peintures ; parmi elles trône *Les Mangeurs de pommes de terre*. Vincent s'y sent bien. L'appartement offre aussi à Theo la possibilité de recevoir dans des conditions agréables les peintres qu'il apprécie et ses amis. En particulier Andries, dont il s'est beaucoup rapproché au moment de

1. Lettre de Andries Bonger à ses parents, 22 juin 1886. – Henk BONGER, *Un Amstellodamois à Paris*, *op. cit.*, p. 68.

la mort de son père. Leur voyage en Hollande, entrepris en août 1885, a scellé leur amitié et leur a permis d'ailleurs de faire la connaissance de leurs familles respectives. À cette occasion, Theo a fait une rencontre troublante : Andries lui a présenté sa sœur cadette Johanna. Séduit, Theo a senti brusquement son cœur chavirer. Mais c'est sans espoir : Jo est amoureuse d'un autre...

Rue Lepic, malgré les efforts des deux frères pour cohabiter en bonne intelligence, leurs relations s'enveniment. « Le frère de Theo s'est installé ici pour de bon ; il vient travailler pour trois ans au moins dans l'atelier de Cormon. Je crois vous avoir dit déjà cet été de quelle façon bizarre ce frère a vécu. En voilà un qui ne connaît pas les règles de conduite en bonne société. Il se brouille avec tout le monde, aussi donne-t-il à Theo du fil à retordre [1] », témoigne Andries. Deux mois plus tard, il ajoute : « Son frère lui rend la vie bien difficile et lui fait toutes sortes de reproches en l'air [2]. »

Quels peuvent être ces reproches ? Ont-ils un rapport avec la vente des œuvres de Vincent ? Lorsque Theo écrit aux siens, il ne mentionne pas, certainement pour leur épargner des soucis, les problèmes qu'il rencontre avec Vincent. Au contraire, il cherche à mettre en avant ses qualités et ses progrès en peinture. « Cela va bien dans notre nouveau logement. Vous ne reconnaîtriez pas Vincent, tant il a changé ; et cela frappe les autres plus que moi. Il a subi une importante opération à la bouche,

1. Lettre de Andries Bonger à ses parents, avril 1886. – Henk BONGER, *Un Amstellodamois à Paris*, *op. cit.*, p. 68.
2. *Ibid.*

il avait perdu presque toutes ses dents, car il avait l'estomac malade. Le médecin a dit qu'il était maintenant guéri. Dans son travail, il fait des progrès considérables et commence à avoir du succès. Il n'a pas encore vendu de tableaux, mais il fait des échanges avec d'autres peintres… Un marchand de tableaux a pris quatre de ses toiles. Il peint surtout des fleurs… Il est aussi beaucoup plus gai qu'autrefois et plaît aux gens. Pour vous en donner la preuve, il ne se passe pas une journée sans qu'il reçoive des visites [1]. »

Malgré les tracas, la cohabitation se poursuit tant bien que mal. Les deux frères fréquentent les brasseries des boulevards, les guinguettes et les cafés montmartrois. Midi et soir, ils se retrouvent au restaurant de la mère Bataille, rue des Abbesses. Dans cet endroit exigu et sans prétention, mais très à la mode, artistes, chansonniers ou écrivains croisent des hommes politiques en vue. Il n'est pas rare d'y apercevoir Jean Jaurès ou François Coppée. Dans la journée, Theo est pris par son travail à la galerie tandis que Vincent, lui, peint des fleurs, des vues de Paris ou des moulins. Ayant rapidement quitté l'enseignement professé par Cormon, il se familiarise avec le quartier, visite les musées parisiens et se rend aux expositions. Curieusement, alors qu'il se plaint de n'avoir pas assez d'argent pour payer des modèles et d'être obligé de peindre des natures mortes, il ne songe pas à proposer à son frère de poser pour lui. N'ose-t-il pas le lui demander ? Theo, sollicité, a-t-il refusé ? Les autoportraits exécutés par Vincent sont-ils plus ou moins des portraits de Theo ? Le doute est permis quand on sait

1. Lettre inédite de Theo à Moe, juillet 1886, b0942V/1962. Fondation Vincent van Gogh.

que l'existence de l'un dépend de celle de l'autre, et que l'identification Theo-Vincent perturbe de plus en plus le comportement du peintre.

Le voyage d'été que Theo effectue, chaque année, en Hollande, lui permet de prendre du recul, de respirer. C'est aussi à cette période qu'apparaît une nouvelle femme dans son existence. L'histoire est très discrète ; son prénom même reste un mystère. Elle est seulement désignée par l'initiale « S ». Certains biographes ont émis l'hypothèse que ce pourrait être Agostina Segatori, un ancien modèle de Corot et de Gérôme, reconvertie en tenancière du cabaret *Le Tambourin*, et qui aurait été quelque temps la maîtresse de Vincent. Cette supposition est inexacte. On sait, en effet, que Theo avait une liaison lorsque Vincent arriva à Paris ; c'était d'ailleurs l'une des raisons qui l'incitait à ne pas vouloir héberger son frère. Une lettre de Vincent, datée de 1886, envoyée en Hollande à Theo éclaire la situation : ce dernier souhaite rompre avec cette maîtresse encombrante, car il pense toujours avec émotion à Jo Bonger [1]. Vivre à Paris ne lui a pas fait oublier cette femme exceptionnelle, dont il est follement et silencieusement épris.

Pour aider son frère à se séparer de « S », Vincent propose à Theo une idée bien farfelue : la prendre comme compagne, car il craint qu'une rupture ne la pousse au suicide ou la rende folle. Il se dit même prêt à l'épouser, si ce mariage de raison peut la sauver. En l'absence de Theo, un curieux psychodrame se joue entre Vincent et « S », en présence de Dries. Plus réaliste que

---

1. Lettre de Vincent à Theo, 460 N.

Vincent, celui-ci déconseille la solution du mariage, mais admet qu'il ne faut pas brusquer les choses. Comment Theo a-t-il rompu ? La fin de l'histoire ne sera jamais dévoilée ; il ne sera plus jamais question de « S » dans sa vie.

Le voyage en Hollande a aussi pour but de demander aux oncles s'ils seraient disposés à soutenir financièrement le projet d'ouvrir une galerie d'art dans laquelle les deux frères pourraient se consacrer à défendre les artistes qui les intéressent. Malheureusement, Theo ne réussit pas à les convaincre. Ses oncles se montrent réticents à l'idée de le voir s'associer à cet énergumène de Vincent et sont très surpris de sa volonté de promouvoir des peintres qui, à leurs yeux, ne valent pas un sou ! Ce n'est pas, selon eux, en soutenant ces artistes que Theo fera fortune, comme eux l'avait fait par le passé.

Ce rêve de voler de ses propres ailes n'est donc pas encore réalisable. Theo se trouve toujours enchaîné à ses employeurs. Sa seule victoire, finalement, est d'avoir convaincu sa famille du talent de Vincent. « Quelle récompense pour la confiance solide que tu as eue pour Vincent ! », s'exclame Andries dans le mot qu'il joint à la lettre de Vincent.

De retour à Paris le 26 août, Theo retrouve le même Vincent, avec ses fougues et ses sautes d'humeur. La vie continue. Mais, en décembre, il tombe gravement malade. Andries témoigne en écrivant à ses parents : « Theo a eu de graves ennuis nerveux au point qu'il ne pouvait plus bouger.

À ma grande surprise, je l'ai trouvé hier comme avant ; il se sentait encore un peu raide, comme après une chute, mais sinon il ne ressentait plus rien, maintenant il s'occupera de sa santé [1]. » De constitution fragile, Theo sera souvent malade jusqu'à la fin de sa vie. Il consulte régulièrement des médecins, en particulier les docteurs Rivet et Gruby. Ce dernier, un personnage original et farfelu, lui a été présenté par Andries. Malgré tous les médicaments que Theo prend, le mal le ronge inexorablement. Il confie à Lies ces terribles propos : « Je peux te dire maintenant que, cet hiver, j'ai cru ne jamais pouvoir fêter mon trentième anniversaire. Personne ne le sait et c'est mieux ainsi, car cela inquiéterait la famille. Et, toi, garde-le pour toi. Maintenant, tout est passé et je suis en meilleure santé que jamais je ne l'ai été [2]... »

À l'inverse de Theo, Vincent semble avoir hérité d'une constitution plus robuste : il a résisté au froid, à la faim, à la syphilis. À Paris, il consulte les mêmes médecins que son frère, mais ne reçoit pas les mêmes traitements. Cette période de vie parisienne lui permet de retrouver un certain équilibre, car il mange à sa faim ; désormais, il profite de la vie.

Dès 1887, Vincent commence à fréquenter les artistes de la nouvelle génération. À l'atelier de Cormon, il a déjà rencontré Anquetin, le truculent Toulouse-Lautrec et le peintre australien John Russel, qui exécutera un portrait de Vincent. Par l'intermédiaire de Portier, il entre en contact avec Guillaumin. Theo, pour sa part, le met en

1. Lettre d'Andries Bonger à ses parents, Paris, 1886. M. E. TRALBAUT, *Andries Bonger, l'ami des frères Van Gogh*, Anvers, Van Goghiana I, janvier 1963, p. 6.

2. Lettre inédite de Theo à Lies, 15 mai 1887, b0912V/1962. Fondation Vincent Van Gogh.

relation avec l'ancien communard et anarchiste Julien Tanguy[1]. Ce marchand de couleurs, affectueusement surnommé par les peintres « le père Tanguy », soutient avec enthousiasme la peinture avant-gardiste. Pour lui, ces artistes incompris sont des génies qui bientôt accéderont à la gloire. Généreux, il leur ouvre sa porte. Mécène dans l'âme, il leur accorde des crédits illimités pour l'achat de couleurs et de toiles. Située rue Clauzel, non loin de l'église Notre-Dame-de-Lorette, sa petite boutique devient le lieu de réunion des artistes refusés au Salon et de leurs amis.

Tanguy prend en affection « Vincent-le-passionné » et reconnaît en lui un grand peintre. Dans ce temple de l'avant-garde, Vincent se lie d'amitié avec Émile Bernard et fait la connaissance de Signac. Très souvent, il vient y admirer des œuvres de Cézanne, qui, lui aussi, confie à Tanguy des toiles que ce dernier pourrait peut-être vendre. Désormais, Vincent à l'exemple des autres artistes peint en plein air, à Asnières ou à Clichy, en compagnie de Signac. Il fréquente avec Toulouse-Lautrec les cabarets montmartrois, entre autres *Le Mirliton* où se produit le tonitruant chansonnier, Aristide Bruant. Il assiste aux réunions hebdomadaires organisées par le peintre des artistes du Moulin-Rouge dans son atelier de la rue Caulaincourt. « Il arrivait, une lourde toile sous le bras, la posait dans un coin, mais bien en lumière et attendait qu'on lui manifestât quelque attention. Personne ne le remarquait. Il s'asseyait un peu, surveillait les regards, se mêlant peu à la conversation. Puis lassé, partait, remportant sa dernière œuvre », se

1. Tangui pour les frères Van Gogh.

souvient Suzanne Valadon [1]. Theo lui présente le peintre Camille Pissarro, qui éprouvera une amitié sincère et rare pour les deux frères ; puis Gauguin, rencontré au domicile d'Émile Schuffenecker. Après le retour de Gauguin de la Martinique, fin 1887, Vincent et Theo le fréquentent assidûment. Très vite, Vincent, impressionné par sa stature et la qualité de son travail, lui voue une sincère admiration. L'homme, il est vrai, surprend par sa faconde, son assurance et sa détermination à poursuivre, malgré les années de souffrance et de privation, sa carrière de peintre. Ensemble, ils passent leurs soirées à discuter, Gauguin racontant ses différents voyages. Vincent envie cette expérience d'aventurier. Il prend aussi goût à l'absinthe qui, chez lui, engendre des cauchemars et perturbe son équilibre mental

À la galerie où travaille Theo, Vincent se familiarise avec les tableaux de ceux qu'il surnomme les « peintres du grand Boulevard » – car exposés sur ces boulevards –, tels Monet, Degas ou Renoir. Lui, voudrait créer une communauté d'artistes et fonder le groupe des « peintres du petit Boulevard », celui de Clichy, qui accueillerait une clientèle susceptible, de s'intéresser à leur travail. Gauguin, Bernard, Seurat, Signac, Anquetin, Toulouse-Lautrec en font partie. Très motivé, Vincent organise alors deux expositions : l'une au restaurant très populaire *Le Chalet*, l'autre au *Tambourin*, tenu par sa maîtresse, la Segatori. Malheureusement, les deux manifestations sont des échecs.

---

1. John REWALD, *Le Post-impressionnisme*, Paris, Albin-Michel, 1961, p. 40.

Pourtant, Vincent commence à tenir une certaine place dans le microcosme artistique avant-gardiste. Il fait d'ailleurs des échanges de tableaux avec certains peintres, alors que Theo se désespère : il n'a pas encore réussi à vendre une seule toile : « Il [Vincent] a fait quelques portraits qui sont bien réussis, mais il les fait toujours pour rien. C'est dommage qu'il n'ait pas envie de gagner un peu d'argent, car s'il le voulait, ici, ce serait possible. Mais on ne peut changer l'homme[1]. » Ces échanges permettent à Theo de se constituer une véritable collection avec des tableaux de Gauguin, de Toulouse-Lautrec, de Bernard. Parallèlement, ils se passionnent tous les deux pour l'art japonais et achètent des estampes à Bing, le spécialiste du genre à Paris.

Vincent ne paraît pas se décourager. Il préfère se consacrer à la création, aux perfectionnements de sa technique plutôt que de dépenser son énergie à vendre ses toiles. Peu à peu, sa peinture devient plus lumineuse, plus vivante. Malgré son caractère difficile, il se comporte comme quelqu'un de sociable.

Sa liberté et sa vie de bohème contrastent avec l'existence sans fantaisie de son frère. Theo doit rester à la galerie pendant de longues heures, supporter les remontrances de ses employeurs, gagner de l'argent pour entretenir sa famille. Cette vie, austère dans la journée, est contraignante. Envie-t-il cette liberté qu'il ne peut pas se permettre ? Il y goûte un peu à travers ses sorties nocturnes à Montmartre, grâce à ses relations avec le artistes ou par la présence quotidienne de Vincent. Mais

1. Lettre inédite de Theo à Moe, 28 février 1887, b0906V/1962. Fondation Vincent van Gogh.

il n'a pas la possibilité de s'y engager pleinement. D'ailleurs, le voudrait-il vraiment ?

À la maison, les emportements et les interpellations de Vincent l'agacent. Theo supporte de moins en moins la présence de ce frère envahissant, entier et autoritaire. Le soir, sous l'effet de l'alcool, le peintre se lance très souvent dans des conversations animées à propos de l'art, et invective son frère. Il revient toujours sur le sujet qui lui tient à cœur : la nécessité de prendre des mesures pour soutenir les artistes ; il exhorte son marchand de frère à se lancer dans ce combat. Face à cette attitude, Theo se sent impuissant et désespéré. Dans ces moments-là, la mélancolie l'envahit. Il ne sait comment sortir de cette impasse. Les conflits permanents avec Vincent lui rendent la vie impossible. Theo va-t-il rompre son engagement ?

Il éprouve le besoin de se confier à sa sœur Wil : « Souvent, je m'imagine seul et alors je vois des montagnes de difficultés et ne trouve pas de solutions. Si Vincent avait choisi un autre métier, depuis longtemps j'aurais fait ce que tu me conseilles. Je me suis souvent demandé si ce n'était pas un mal pour lui de l'aider tout le temps. Souvent j'étais sur le point de l'abandonner à lui-même. Après ta lettre, j'ai réfléchi longuement. Je crois que je ne peux rien faire d'autre que de continuer. C'est un artiste, sans aucun doute. Ce qu'il fait actuellement, même si ce n'est pas très beau, lui servira plus tard. Et, probablement, cela deviendra sublime. Ce serait une honte si on l'empêchait maintenant d'étudier régulièrement… Il ne faut pas penser que c'est la question d'argent qui me pèse le plus. C'est surtout l'idée que maintenant nous sympathisons si peu. Il y eut un temps où j'aimais beaucoup Vincent. C'était mon meilleur ami. Maintenant, c'est fini. De son côté, cela paraît pire, car il ne perd pas une occasion pour me faire sentir qu'il me déteste et que je lui inspire du dégoût. En conséquence, à la maison, cela devient insupportable. Plus personne ne veut venir chez moi à cause de ces disputes. En plus, il est si sale et désordonné... Ce que j'espère, c'est qu'il puisse vivre de façon indépendante. Il en parle souvent. Si c'est moi qui lui dis de partir, ce serait une raison pour qu'il reste. Il semble qu'il y ait deux personnes en lui. L'une douée, merveilleuse, fine et douce, et l'autre remplie d'amour-propre et dure. Il est dommage qu'il soit son propre ennemi... Ce n'est pas seulement aux autres qu'il rend la vie difficile, mais aussi à lui-même. Mais j'ai pris la résolution de continuer comme je l'ai toujours fait [1]. »

Le dévoué Theo souhaite donc rétablir la paix. Il y parviendra. Quel événement a réconcilié les deux frères ? Y a-t-il eu, un soir, une mise au point ? Un mois plus tard, Theo annonce la trêve à Wil : « Nous nous sommes réconciliés car cela ne servait à rien de continuer ainsi. J'espère que cela va durer... Ce serait étrange pour moi de vivre à nouveau seul et lui n'aurait rien à gagner. Je lui ai donc demandé de rester. Cela doit te paraître étonnant après ce que je t'ai écrit. Mais ce n'est pas une faiblesse de ma part. Je pense qu'une amélioration de nos relations est possible.

J'y contribuerai. Il ne faut pas que cette cassure entre nous s'ouvre davantage [2]. »

---

1. Lettre inédite de Theo à Wil, 14 mars 1887, b0908V/1962. Fondation Vincent van Gogh.
2. Lettre inédite de Theo à Wil, 25 avril 1887, b0911V/1962. Fondation Vincent van Gogh.

Désormais, les deux hommes progressent ensemble, travaillant main dans la main. Theo admire Vincent et Vincent croit en Theo. « Vincent travaille beaucoup et il progresse. Ses peintures deviennent plus claires. Il cherche à faire entrer la lumière du soleil. C'est un gars curieux. Mais la tête qui est sur ses épaules suscite l'envie [1]. »

Pour que cette relation exceptionnelle – qu'ils apprécient l'un et l'autre – puisse durer, ils prennent conscience qu'il vaudrait mieux instaurer entre eux une certaine distance. Vincent a compris que s'il reste à Paris, Theo et lui finiront par retomber dans leurs erreurs. De plus, il en a assez de cette agitation parisienne. Il se sent attiré par les couleurs du Midi de la France, comme Cézanne ou Monticelli. Les tableaux de ce peintre, qui vient de mourir, suscitent par leur lyrisme l'enthousiasme des frères Van Gogh, à tel point que Theo en achètera quelques-uns pour sa propre collection. Il espère aussi découvrir des paysages identiques à ceux des estampes japonaises.

Le départ de Vincent

En février 1888, Theo accompagne son frère à la gare. Direction : Arles. La veille, les deux frères sont allés ensemble au concert pour écouter du Wagner. La musique, un art que Theo a lentement appris à connaître et à apprécier. Il en parle en usant de métaphores

1. Lettre inédite de Theo à Lies, 15 mai 1887, b0912V/1962. Fondation Vincent van Gogh.

toujours poétiques, comme s'il s'agissait de représentations visuelles. Avant de quitter Paris, Vincent a demandé à son ami Émile Bernard de l'aider à disposer ses toiles dans l'atelier qu'il quitte : des crépons japonais sur les murs et quelques-uns de ses tableaux lumineux sur des chevalets. Une attention touchante ayant pour but de se rappeler au souvenir de son frère. Cette cohabitation de deux ans a permis un profond rapprochement. Elle représente une période importante de leur vie. Ils se sont redécouverts, malgré les accrochages de la vie quotidienne. Une confiance sincère s'est instaurée entre eux. Désormais, leur amitié fraternelle se veut indestructible. Vincent est convaincu que Theo se bat pour faire reconnaître son travail et celui des impressionnistes. Il ne le perçoit plus comme un exploiteur. Theo, pour sa part, ne doute plus du talent et de la force créatrice qui animent Vincent. Indissociables, les deux frères peuvent enfin élaborer cette œuvre commune dont rêve le peintre. Non ! Theo n'est pas qu'un simple marchand d'art. Pour Vincent, il est aussi un artiste.

Theo supporte mal l'éloignement de Vincent. Il se sent seul, presque abandonné. « Quand il est arrivé, il y a deux ans, je ne pensais pas que nous nous attacherions tant l'un à l'autre. Il y a un vide dans l'appartement. J'espère pouvoir partager cet appartement avec quelqu'un, mais on ne peut pas remplacer facilement un être comme Vincent. C'est incroyable comme il sait des choses et sa vision du monde est si claire. C'est pourquoi, je suis sûr qu'il arrivera à se faire un nom… En plus, il a un cœur si grand que ses recherches apportent toujours quelque chose aux autres. Tant pis pour ceux qui ne le comprennent pas[1]. » Le lien qui les unit est devenu vital pour leur équilibre et leur existence.

Alors que Vincent s'installe en Arles et commence à peindre ses premiers tableaux, Theo se languit. Il est ravi d'accueillir, pendant deux jours, sa sœur Wil. Ensemble, ils profitent de la richesse culturelle que leur offre Paris. Theo est fier de la présenter aux peintres qu'il connaît. Et, surtout, au « maître » Degas, qui les reçoit courtoisement dans son atelier. La visite trop courte de Wil n'efface pas complètement la mélancolie de Theo. Aussi, pour tromper sa solitude, héberge-t-il à plusieurs reprises quelques artistes étrangers. Il reçoit d'abord, de février à juin 1888, un peintre hollandais et ami de Vincent : Arnold Hendrik Koning. Quelques vues de Montmartre peintes par cet artiste datent de cette époque. Lui succédera Mourier Petersen, un peintre danois.

À la fin de l'année, deux peintres hollandais, porteurs d'une lettre d'introduction pour Theo, se présentent à la galerie Goupil. Il s'agit de Jacob Meyer de Haan et de Joseph Jacob Isaäcson. Le premier, fils d'un industriel, a abandonné la direction de l'affaire paternelle à ses frères en échange d'une rente, afin de se consacrer à la peinture. Le second est un ami. Theo les installe chez lui. C'est depuis son appartement que Meyer de Haan peint une *Vue de Paris prise de la fenêtre de Theo van Gogh, rue Lepic.* Ce dernier l'incite à s'inspirer des toiles des impressionnistes. Il envoie même certaines études du jeune homme à Vincent. Grâce à Theo, Meyer de Haan fait la

1. Lettre inédite de Theo à Wil, 24 et 26 février 1888, b0914V/1962. Fondation Vincent van Gogh.

connaissance de Pissarro et de Gauguin, qu'il rejoindra en 1889 à Pont-Aven. Quant à Isaäcson, il suit les cours de l'école des Beaux-Arts et se liera avec Émile Bernard.

Dans une lettre envoyée à Wil, Theo exprime, en critique avisé, son opinion sur les artistes qui partagent son quotidien : « Meyer de Haan est un grand peintre, très attiré par l'art avant-gardiste. Il est un peu dérouté devant les peintures impressionnistes, car il pense que ses œuvres précédentes ne sont pas bonnes. Son travail d'autrefois ressemblait un peu à celui de Vincent à Nuenen, la fureur en moins. Je trouve qu'il y a dans ces toiles quelque chose de Rembrandt. Par ailleurs, il a peint des choses magnifiques depuis qu'il se trouve à Paris [1]. » En revanche, Theo est moins sensible aux toiles d'Isaäcson, qui doit, pour vivre, exécuter des portraits de famille. Les deux hommes sont des artistes intelligents et Theo apprécient leur compagnie.

Alors que Vincent, en Arles, se consacre frénétiquement à ses premiers tableaux lumineux, Theo se tourne de plus en plus vers les peintres qu'il aime. Son but : vendre leurs créations. Et, au-delà, réaliser son ambition – la même que celle de Vincent : soutenir les peintres avant-gardistes.

Mécène et marchand

« Theo s'occupe de tous les impressionnistes. Il a fait quelque chose pour tous ; il a vendu des toiles et va sans doute continuer. Mais justement tout ce que je t'écris sur

1. Lettre inédite de Theo à Wil, 6 décembre 1888, b0916V/1962. Fondation Vincent van Gogh.

la question te fait voir qu'il est tout autre chose que les marchands ordinaires qui n'ont pas d'argent pour les peintres[1] », écrit Vincent à Wil, depuis Arles. Quelle satisfaction doit éprouver Theo à Paris. Enfin, son volontarisme et son obstination ont porté leurs fruits. Sa tactique qui consistait à livrer une guerre d'usure pour vaincre la résistance de Boussod et Valadon s'est révélée payante. Mais que de compromis, que de luttes acharnées pour parvenir à défendre les peintres impressionnistes et avant-gardistes. Il avait réussi, avant l'arrivée de Vincent, à vendre quelques toiles ; désormais, la tendance s'affirme. En outre, la conjonction de plusieurs circonstances contribuent à donner une nouvelle impulsion à sa démarche : les problèmes auxquels doit faire face le principal marchand des impressionnistes, Durand-Ruel. Depuis environ une quinzaine d'années, ce professionnel éclairé se bat en faveur de ce mouvement. Or, il traverse une période difficile en raison de la réticence des collectionneurs à investir davantage dans ce style de peinture. En 1885, les expositions qu'il a organisées à Londres, Berlin et Rotterdam n'ont pas reçu un accueil enthousiaste. En 1886, à l'invitation du marchand James F. Sutton, il se rend à New York pour exposer les œuvres des artistes de sa galerie parisienne ; elles y seront bien perçues. Mais le succès est relatif par rapport aux dépenses engagées. L'année suivante, il renouvelle l'expérience, toujours aux États-Unis. En France, ses peintres se sentent un peu délaissés. Leur marchand n'est plus là pour défendre leur travail. Ils se tournent, alors, vers d'autres galeries susceptibles de les aider. Ainsi, en 1887, Monet, Renoir,

1. Lettre de Vincent à Wil, W4N.

Pissarro et Sisley participent à la sixième Exposition Internationale chez Georges Petit. Parallèlement, ils approchent ce jeune homme hollandais, plutôt timide, qui s'intéresse grandement à leur production. Autre changement. En 1886, le fondateur de la société Adolphe Goupil se retire enfin des affaires. La société Boussod Valadon et Cie, fondée en 1884, voit arriver au sein de sa direction les fils de Léon Boussod, Étienne et Jean. Ils seront peut-être favorables à une certaine évolution. L'autre élément important, c'est, bien évidemment, le séjour de Vincent à Paris. Les contacts qu'il a noués avec les peintres de la nouvelle génération, ces « peintres du petit Boulevard », facilitent la tâche de Theo. Maintenant, il est en rapport, non seulement avec Monet, Degas, Pissarro, Sisley, Guillaumin, mais encore avec Seurat, Émile Bernard, Signac, Lucien Pissarro, Louis Anquetin, Toulouse-Lautrec. Theo est naturellement conscient de l'apport de Vincent. Reconnaissant, il lui écrit : « Tu peux, si tu veux faire quelque chose pour moi, c'est de continuer comme par le passé et nous créer un entourage d'artistes et d'amis, ce dont je suis absolument incapable à moi seul[1]. » Pour l'année 1886, les livres de comptes de la galerie Goupil, malheureusement souvent imprécis, indiquent que Theo a acheté seulement un tableau de Manet – l'artiste est décédé en 1883 – pour cent francs, et l'a revendu le double au peintre Boggs[2]. La bataille est loin d'être gagnée pour Theo. Pourtant, à partir de 1887, il devient – à l'instar de Georges Petit – un sérieux rival pour Durand-Ruel. Il

1. Lettre de Theo à Vincent, 27 octobre 1888. – *Verzamelde van Vincent van Gogh*, Amsterdam, 1952-1954, vol. IV, n° T3.

2. John REWALD, *op. cit.*, p. 7. Cette toile n'a pas été identifiée.

parvient à tisser autour de lui un réseau de peintres novateurs et de collectionneurs audacieux. Son précieux carnet d'adresses contient les coordonnées des personnalités marquantes qui gravitent dans le milieu artistique parisien.

Ses directeurs accèdent à sa requête de consacrer l'entresol de la galerie à des expositions impressionnistes, post-impressionnistes ou pointillistes, à condition de maintenir à un niveau élevé la rentabilité de la galerie, ce que Theo réalisait aisément depuis son arrivée à ce poste. Bien évidemment, le rez-de-chaussée sera toujours réservé aux peintres accrédités par la firme, et leurs tableaux mis en valeur dans la vitrine qui donne sur le boulevard.

La mezzanine se transforme alors en un lieu d'exposition et de rencontres où artistes, collectionneurs, écrivains se retrouvent pour admirer ces œuvres qui défraient la chronique. Dans ses souvenirs, le poète symboliste, Gustave Kahn, dépeint ainsi le jeune « galeriste » : « Theo van Gogh était pâle, blond, et si mélancolique qu'il semblait porter les toiles comme les mendiants tiennent leurs écuelles de bois. Il exprimait sans vigueur, et par conséquent sans grand succès, ses convictions sur la valeur de cet art. Il n'avait aucun don pour le boniment. Mais ce marchand était un excellent critique et grâce à son amour et à sa connaissance de l'art, il poursuivait des discussions avec les peintres et les écrivains [1]. » Jugement quelque peu sévère. Certes, Theo n'a pas le bagout d'un marchand méridional ni la fibre commerciale ;

---

1. Gustave KAHN, *Au temps du pointillisme*, Paris, Mercure de France, 1924.

cependant, les livres de comptes de la galerie démontrent qu'il a réalisé de très bonnes ventes au cours des années passées chez Goupil. C'est un érudit qui se sent plus à l'aise dans la réflexion que dans la vente. Sa connaissance parfaite de l'histoire de l'art fait de lui un homme respecté dans ce milieu.

En mai 1887, Monet écrit à Durand-Ruel, alors aux États-Unis, pour lui faire part des réactions du public sur sa peinture : « Le public acheteur nous fait décidément meilleur accueil. Ce qui du reste vous en donnera mieux l'idée que tout ce que je pourrais dire, c'est que la maison Boussod a maintenant des Degas et des Monet, et qu'elle aura aussi des Sisley et des Renoir [1]. » Monet a tendance a embellir la situation : « Theo a seulement entrepris des tractations avec Monet et Sisley, pas encore avec Degas. Quant à Renoir, Theo ne traitera jamais directement avec lui. Ce qui est remarquable, c'est qu'il réussisse à nouer des contacts solides avec Monet. Il se rend régulièrement à Giverny pour y admirer les nouvelles toiles de l'artiste. L'éclat rouge orangé des soleils couchants, l'intensité du bleu vert des arbres touchent sa sensibilité. Au cours de l'année 1887, Theo lui achète quatorze tableaux pour un montant d'environ vingt mille francs [2]. » Elles seront toutes revendues à des Américains.

Le prix des œuvres de Monet, peintre de plus en plus apprécié, commence à monter.

---

1. Maurice JOYANT, *Toulouse-Lautrec*, Paris, H. Floury, 1926, p. 120-121.
2. John REWALD, « Theo van Gogh, Goupil and the Impressionists », *op. cit.*, p. 10.

Ce n'est pas le cas pour celles de Pissarro, dont les toiles pointillistes laissent indifférent son marchand Durand-Ruel. Ses toiles s'achètent pour une bouchée de pain. Theo en vend quand même deux, laissées en dépôt à la galerie, pour mille francs. Avec la commission que prend Boussod, il reste bien peu pour l'artiste. Theo, qui apprécie beaucoup l'œuvre de Pissarro, sera toujours contrarié de constater que le succès ne se décide pas à lui sourire : « Je ne vends presque rien de ce que je trouve beau. L'éventail n'est même pas encore vendu. Quand sortirons-nous de ce temps d'indifférence ; certainement, ce n'est pas la faute des artistes [1]. » De son côté, Camille Pissarro trouve Theo très généreux, intéressant et intuitif : « Je crois que Theo van Gogh, qui est très fin, pourra me conseiller à bon escient [2]. »

Encouragé par ces petits succès, Theo se tourne vers d'autres peintres. Il acquiert une toile de Degas, *Femme accoudée près d'un pot de fleurs*, qui sera vendue quatre mille francs, d'après les registres de la galerie. Les rapports que ce peintre entretient avec Theo sont réguliers mais simplement cordiaux, ce qui désole le jeune homme ; il les aurait aimés plus chaleureux. Les lettres de l'artiste sont laconiques et leur contenu concerne uniquement la vente de ses œuvres. Parallèlement, Theo commercialise aussi des tableaux de Sisley et de Guillaumin. Au plus fidèle de ses collectionneurs – le riche industriel Dupuis – il vend quatre cent cinquante francs une toile de Gauguin, qui se réjouit de cette

1. Lettre inédite de Theo van Gogh à Camille Pissarro, Paris, 30 janvier 1888. Archives départementales du Val-d'Oise.

2. Lettre de Camille Pissarro à Lucien, Éragny, 28 août 1887. – Camille PISSARRO, *Lettres à son fils Lucien*, Paris, Albin Michel, 1950, p. 161.

affaire, lui qui est sans le sou. Le peintre écrit à sa femme que la galerie Boussod et Valadon est devenue le « centre des impressionnistes ». Il enjolive, lui aussi, la réalité.

Cependant, insensiblement, Theo s'approche de son but. Ravi, Vincent l'encourage à aller plus loin et espère qu'il va enfin pouvoir ouvrir sa propre galerie. Et, par là-même, assurer l'existence matérielle des peintres en leur versant chaque mois de l'argent en échange de leurs œuvres. Après maintes réflexions, et face au nouveau refus de ses oncles d'apporter leur contribution à l'ouverture d'une galerie, Theo, toujours prudent, décide ne pas quitter son poste. Il ne veut pas prendre un tel risque et préfère garder son salaire de sept mille francs par an pour continuer d'épauler comme il le peut les artistes qu'il défend [1].

Il poursuit ses achats de tableaux, soit auprès des artistes eux-mêmes, soit auprès d'intermédiaires courtiers ou autres marchands, soit à l'Hôtel des ventes de Drouot. Il garde également en dépôt certaines toiles, en attendant un éventuel acquéreur. Altruiste, il tente avec délicatesse d'aider les uns et les autres. Comme Pissarro, auquel il avance parfois de l'argent. Le peintre, à contrecœur, se voit obligé de demander à son marchand et ami des acomptes : « Je vais être dans l'embarras vers le premier octobre : loyer, billets… Il me faudrait au moins un millier de francs. Je vous serais bien reconnaissant de tâcher de m'aider à m'en sortir. Aussitôt que j'aurai quelque chose de terminé, je vous l'enverrai [2]. »

1. John REWALD, « Theo van Gogh, Goupil and the Impressionists », *op. cit.*, p. 15.
2. Lettre de Camille Pissarro à Theo.

Avec ses moyens limités, il complète sa collection en achetant à titre personnel des tableaux qui lui plaisent signés d'artistes non reconnus. Surtout, Theo commence à organiser des expositions collectives. En janvier 1888, il présente des toiles de Pissarro, de Degas, de Guillaumin et de Gauguin. Pour la première fois, un public éclairé s'est déplacé pour regarder les paysages martiniquais, riches en couleurs, de Gauguin. Malheureusement, cette manifestation reçoit un accueil réticent. Le critique d'art, Félix Fénéon, dans *La Revue Indépendante*, émet des réserves sur ces peintures dont la technique surprend. Au point de vue financier, c'est un échec. Seul, le collectionneur Dupuis achète quelques tableaux. Ce riche industriel – qui se suicidera plus tard, croyant être ruiné – achètera à Theo, entre 1887 et 1890, au moins dix-sept toiles impressionnistes. Par ailleurs, Theo réussira à vendre, durant l'année 1888, six tableaux de Gauguin et exposera de nouveau, en novembre, des toiles de l'artiste – notamment sa *Ronde des petites Bretonnes*, qu'il vendra en 1889.

Malgré le peu de retombées de sa première exposition, Theo ne désarme pas. Il organise de mars à octobre trois expositions de Pissarro puis présente des lithographies de Thornley, des œuvres de Rodin et Schuffenecker. En juin de la même année, il signe un contrat avec Monet, agacé par l'attitude de son marchand, Durand-Ruel, qui semble moins le soutenir. L'artiste s'en explique avec lui dans ces termes : « Vous trouvez regrettable que j'aie accepté cet engagement, mais, cher Monsieur Durand, que serais-je devenu depuis quatre années sans M. Petit d'abord, et sans la maison

Goupil[1] ? » Durand-Ruel est de plus en plus irrité par la démarche de Theo. Il s'en prend aussi à tous les artistes qui traitent maintenant avec lui. Pissarro relate à son fils comment le marchand d'art a réagi lorsqu'il a appris qu'il est en pourparlers avec Theo : « Durand m'a pris à part et m'a demandé si j'avais porté des tableaux à Theo van Gogh. “Oui, ai-je répondu. – Vous ne devriez pas, me dit-il, porter des tableaux à ce diable d'homme !... Apportez-les-moi et, surtout, pas d'affaires avec Theo van Gogh, car tant qu'il aura des tableaux de vous, cela me fera du tort et m'empêchera d'en vendre”... Aussi, je lui ai très franchement dit que, Theo van Gogh ayant vendu de mes toiles nouvelles et les trouvant très bien, les défendant avec intelligence, je ne puis reprendre ce que j'ai déposé chez lui[2]. »

Theo devient un redoutable concurrent pour Durand-Ruel. Avec obstination, il poursuit ses efforts. Comme convenu, il achète dix tableaux à Monet et organise immédiatement une exposition : on peut y voir des paysages des côtes de Bretagne ou de Méditerranée, des champs de tulipes en Hollande. Tous les tableaux de Monet présentés par Theo seront vendus entre 1888 et 1889. C'est un succès commercial d'autant plus que ces œuvres prennent de la valeur. Un peintre allemand, H. Schlittgen, qui était venu à la galerie pour l'exposition, raconte sa rencontre avec Theo : « Un jeune et sympathique employé aux cheveux roux, qui n'avait pas l'air Français, commença bientôt à nous saluer comme si

1. Lettre de Monet à Durand-Ruel, 24 septembre 1888. – John REWALD, « Theo van Gogh, Goupil and the Impressionists », *op. cit.*, p. 23.

2. Lettre de Camille Pissarro à Lucien, Paris, 12 juillet 1888. – Camille PISSARRO, *Lettres à son fils Lucien*, *op. cit.*, p. 156.

nous étions de vieilles connaissances (...) Nous avions pris l'habitude de regarder et d'admirer les toiles tandis que le jeune homme se taisait, souriant, l'air satisfait. Après quelques jours, il nous adressa la parole, disant qu'il voyait que nous étions intéressés par l'art moderne, qu'il avait un frère peintre qui vivait à la campagne, et demandant la permission de montrer quelques-uns de ses tableaux. Le jeune homme se tenait modestement à l'écart, observant l'effet produit... Nous étions encore sous le charme de Monet et un peu perplexes. C'était quelque chose de tout à fait différent : la nature vue avec une volonté puissante, décorative ; parfois les contours étaient tracés en bleu, comme dans les estampes japonaises. Le jeune homme demanda mon opinion. Je vantais la belle couleur pure, bien qu'à mon goût l'ensemble fût trop stylisé. Il nous remercia amicalement et reprit ses toiles. Par la suite, lorsque nous repassions devant la galerie, il nous regardait souvent par la porte vitrée et nous souriait en nous apercevant. Nous apprîmes beaucoup plus tard que son nom était Theo van Gogh [1]. »

Si Theo défend la peinture des impressionnistes et des post-impressionnistes, il se montre toujours prudent à propos des œuvres de Vincent. Peut-être parce qu'il s'agit de son frère ? Peut-être parce que celui-ci bénéficie d'une sécurité matérielle que d'autres n'ont pas ? Sûrement pour ne pas irriter ses employeurs ! Toutefois, il parvient à vendre, en 1888, un tableau de Vincent à la galerie Sully & Lory [2]. Puis il propose à son frère de

1. H. SCHLITTGEN, *Erinnerungen*, Munich, 1926, p. 199-200.
2. Une vente qui reste mystérieuse.

présenter ses toiles à l'exposition annuelle des Indépendants.

Vincent ne refuse pas d'y participer, bien qu'il soit très préoccupé par ses derniers travaux en Arles. Theo expose donc trois tableaux de l'époque parisienne : *Romans parisiens*, *La Butte Montmartre* et *Derrière le Moulin de la Galette*.

Pendant le printemps 1888, le jeune marchand d'art envoie en Hollande des tableaux impressionnistes – une première – et y glisse quelques récentes toiles de Vincent. La réaction de Tersteeg est implacable : il ne veut pas de ces toiles, estimant qu'elles sont l'œuvre de peintres en plein délire. Face à tant d'intolérance et d'incompréhension, Theo est de nouveau terriblement découragé. Il ne comprend pas l'hostilité des professionnels à l'égard de cette nouvelle forme de peinture. Il s'en veut de ne pouvoir faire plus pour ces artistes incompris. Vincent le rassure : « Je voudrais en arriver à te faire bien sentir cette vérité, qu'en donnant l'argent aux artistes, tu fais toi-même œuvre d'artiste, et que je désirerais seulement que mes toiles deviennent telles que tu ne sois pas trop mécontent de *ton* travail[1]. » Pour Vincent, revient toujours cette idée d'œuvre commune, qui appartient au même titre aux deux frères. Dans ses lettres, il écrit souvent « nos tableaux », « notre œuvre » !

Depuis son arrivée en Arles, le travail de Vincent progresse. Il peint de nombreux tableaux de fleurs et d'arbres, du pont de Langlois – qui lui rappelle son pays –, exécute des portraits de ses amis : celui de Paul-Eugène Milliet, sous-lieutenant des zouaves, ou du facteur Joseph Roulin. Il réalise des séries : les vergers en

1. Lettre de Vincent à Theo, 550 F.

blanc et rose, les champs de blé, les semeurs. Il décore son atelier avec des peintures de tournesols... À l'annonce de la mort du peintre Mauve, après avoir peint un *Pêcher en fleurs*, il écrit sur le tableau : « Souvenir de Mauve, Theo et Vincent ». Il entreprend aussi différentes versions de *La Nuit étoilée*. Son style évolue, s'affermit. Loin de Paris, il s'éloigne du courant impressionniste. Sa touche devient plus ferme, changeante, vibrante, agressive ; il tente de rehausser les couleurs et de simplifier les formes. Avec frénésie, il peint pendant des heures, y compris le soir avec des bougies allumées placées sur son chapeau de paille. Au début du mois de juin, il emménage dans une petite maison jaune. Mais il se sent un peu seul. Constatant que son frère parvient à faire découvrir la nouvelle génération de peintres, à Paris, il aimerait, lui aussi, créer enfin, en Arles, une petite communauté d'artistes.

Les interminables discussions parisiennes sur l'art lui manquent. Il lui vient alors l'idée de demander à Gauguin de le rejoindre dans le Midi. Il admire tant l'homme, son esprit, sa créativité... Vincent insiste auprès de Theo pour que celui-ci pousse leur ami à venir s'installer chez lui. Or, Gauguin n'est pas pressé de quitter Pont-Aven.

Le destin donne un coup de pouce au projet de Vincent : à la mort de l'oncle Cent, Theo reçoit par héritage, au mois d'août, une coquette somme d'argent. Pour faire plaisir à son frère, qui souffre toujours de sa solitude, il propose alors à Gauguin de lui envoyer, cent cinquante francs mensuels, en échange d'un tableau par mois. Quant aux frais de voyage, Theo les prend à sa charge. Gauguin, qui a des soucis d'argent, accepte cette proposition, mais se fait attendre en invoquant diverses raisons. Il arrive enfin, le 23 octobre, à la grande joie de Vincent.

Très rapidement, des heurts surgissent entre les deux hommes, notamment à propos de leurs points de vue artistiques. Leurs relations, basées au départ sur l'amitié, vont peu à peu se dégrader : conflits quotidiens et suspicions ternissent l'ambiance de la maison jaune. L'incompatibilité d'humeur entre les deux peintres est flagrante.

À cette époque, Theo, sans l'avoir réellement désiré, se retrouve avec deux peintres sous contrat, jouant pour eux le double rôle de mécène et de marchand d'art. Mais il est mal récompensé de sa générosité : Gauguin a cédé à Theo par intérêt ; aussi le ton de ses lettres reste-t-il hautain et distant. Theo est blessé par cette attitude, lui qui se montre tellement sensible au style de Gauguin – et qui sait si bien en parler : « Tu te rappelles, écrit-il à Wil, de la peinture de Gauguin qui dégage une poésie étrange. Là, il a fait de nouveaux tableaux. Des paysages d'hiver, avec des collines d'un vert frêle contre un ciel de couleur rouille. Ou bien des paysages de printemps avec des arbres aux branches très fines, sur lesquelles les feuilles ressemblent à des petites clochettes qui jubilent la nature rajeunie… En quelque sorte, Gauguin murmure des mots qui consolent ceux qui ne sont pas heureux ou qui ne sont pas en bonne santé [1]. »

Dans ses lettres à sa sœur, Theo parle aussi de lui-même. Il sous-entend qu'il ne va pas bien du tout. Souffrant des nerfs, il a toujours eu de graves problèmes de santé. Une fatigue générale lui donne mauvaise mine.

1. Lettre inédite de Theo à Wil, 6 décembre 1888, b0916V/1962. Fondation Vincent van Gogh.

Vincent l'apprend et s'en inquiète : surtout que Theo suive à la lettre les conseils du Dr Gruby !

À ses ennuis de santé viennent s'ajouter des soucis d'ordre professionnel : il subit encore les remontrances, les railleries de Boussod et Valadon qui n'apprécient toujours pas sa façon de promouvoir des artistes sans grande valeur marchande. Au-delà de leurs divergences d'un point de vue purement artistique, ce sont surtout les questions d'argent et de rentabilité qui se retrouvent en cause. Les chiffres parlent : alors qu'un tableau de Renoir se vend difficilement à cent cinquante francs, une toile de Gérôme – *Une Rue au Caire* –, achetée cinquante mille francs en 1887, est vendue, deux ans plus tard, soixante-dix mille francs à un riche Américain [1]. Un portrait de Madame Van Loon, par Cabanel, acheté vingt-sept mille francs est revendu à trente mille. Même profit pour les œuvres de Jules Dupré. En 1887, le directeur du magasin *La Samaritaine*, M. Chauchard, achète deux toiles de lui valant respectivement vingt-quatre mille cinq cents francs et vingt mille francs. En 1889, lors d'une vente aux États-Unis, une toile de Meissonier atteint la somme de soixante et onze mille dollars. La même année, Durand-Ruel est obligé de liquider son stock à New York. Il obtient six cent soixante-quinze dollars pour un tableau de Renoir, quatre cents dollars pour un pastel de Degas. Les œuvres de Pissarro ou de Sisley n'atteignent que deux cents dollars. Seules les toiles de Monet trouvent acquéreur à des prix « corrects », aux alentours de mille francs. Face à cette dure réalité comptable, Boussod et Valadon

---

1. John REWALD, « Theo van Gogh, Goupil and the Impressionists », *op. cit.*, p. 15.

estiment qu'il est insensé de se battre avec tant de vigueur pour des tableaux qui se vendent à des prix dérisoires. La position de Theo est délicate : il n'est pas libre d'étendre son domaine d'action et de prendre les décisions qu'il voudrait. Il est surveillé par ses patrons. Par exemple, il est souvent accompagné de l'un de ses directeurs lorsqu'il se rend à Giverny pour parler affaires avec Monet. En cette fin d'année 1888, Theo, déprimé, s'enfonce dans la mélancolie. Cette accumulation de problèmes le ronge. S'y ajoute la brouille avec son meilleur ami, Andries. Les deux hommes sont en froid depuis que ce dernier lui avait promis, avant de se rétracter, de lui prêter de l'argent pour ouvrir une galerie. La présence d'Annie van der Linden, l'épouse de Dries que Theo n'apprécie guère, n'arrange pas la situation. Bien au contraire.

Theo, abattu, se sent seul et se laisse aller au désespoir. Il n'aspire qu'au bonheur tranquille d'une vie simple et sereine. Son espoir : fonder un foyer et trouver un équilibre auprès d'une épouse « de son propre milieu ». Cette femme, il l'avait choisie depuis longtemps, et attendait, en vain, qu'un miracle se produise.

Chapitre 5

Johanna, l'amour absolu (1888-1890)

« Ma chère petite mère adorée, (...) Imagine-toi qu'il y a quelques jours j'ai rencontré ici Jo Bonger. Que faire ? (...) D'abord, elle voulait que je lui dise si ce n'était pas sa faute si je ne voyais plus André. D'une chose à l'autre, nous nous sommes tant rapprochés que je pensais qu'il soit possible que je puisse la fréquenter en tant qu'amie et, de nouveau, j'ai renoué avec elle et son frère. (...) Maintenant, depuis que nous nous sommes vus souvent ces derniers jours, elle m'a dit qu'elle m'aimait aussi et qu'elle voulait bien m'accepter comme je suis. En effet, j'ai très peur qu'elle se trompe à mon sujet et que je la déçoive, mais je suis heureux et j'essayerai volontiers de la comprendre et de la rendre heureuse. (...) C'est elle qui a, avec beaucoup de tact et de façon noble, construit notre rapprochement ; autrement, il ne se serait jamais fait. Pourtant, je crois qu'elle savait d'avance que je l'aimais toujours. Et maintenant, ma très très chère mère, je te demande de lui offrir également ton cœur de mère, si riche d'amour, et de bien vouloir nous aider par ton expérience et tes conseils pour que nous soyons des personnes indulgentes comme cela se doit. Elle peut et veut apprendre beaucoup de toi et du fond de nos deux cœurs faire le bien ensemble. (...) Ô mère, je suis si heureux que je ne sais que dire. Serait-ce vraiment possible que ce soit la réalité [1]? »

Theo fut rarement aussi exalté dans ses lettres. Il est vrai qu'il vient de vivre un véritable bouleversement. Il aime en secret Jo Bonger depuis sa rencontre avec elle en Hollande, en 1885. Mais cet amour n'a pu se concrétiser : Jo ne pensait qu'à un autre. Au moment précis où, en pleine dépression, il n'ose plus espérer en la possibilité d'un avenir commun, il rencontre la jeune femme, de façon fortuite, au détour d'une rue. Jo passe plusieurs jours à Paris, chez son frère. Et, après quelques heures de retrouvailles, Jo, mise en confiance, avoue à Theo qu'elle partage ses sentiments. Un véritable miracle !

Alors que son ravissement crève le papier, il laisse transparaître son manque de confiance en lui. Il craint toujours de ne pas se montrer à la hauteur. Toute sa vie, Theo doutera de lui. L'expérience acquise au fil des années accentue ses craintes plus qu'elle ne les estompe.

Il sollicite donc les encouragements de sa mère, comme lorsqu'il était adolescent. Celle-ci lui répond par une lettre empreinte de joie, mais l'on devine que rien n'est joué définitivement : « Tu sais combien je souhaitais que tu aies une bonne destinée et un propre ménage. Je sais que depuis l'enfance tu étais sensible à l'idée d'un bonheur très simple avec un foyer [2]. »

Cette conception de l'amour comme un bonheur simple, à mi-chemin entre la passion romantique et la

1. Lettre inédite de Theo à sa mère, 21 décembre 1888, b0917V/1962. Fondation Vincent van Gogh.

2. Lettre inédite de Moe à Theo, 22 décembre 1888, b2389V/1982. Fondation Vincent van Gogh.

simplicité bourgeoise[1] séduit la France dans la seconde moitié du XIXe siècle. Theo y adhère complètement. « Et voilà, tout d'un coup, cela devient un espoir[2]. » Un espoir, souligne sa mère, mais pas encore une réalité ! Moe ne veut pas prendre le risque de conforter son fils préféré dans des désirs illusoires. Elle sait peu de choses sur les intentions de la famille de la jeune femme. La prudence s'impose. Pour sa part, nul doute que Jo fait déjà partie de sa famille : « Dis-lui (à Jo) que j'espère que tout arrivera pour que vous soyez heureux. Rassure-la déjà du fait que je vais l'accueillir avec amour et que je désire faire sa connaissance. Je l'aimerai autant que je t'aime. (...) J'espère aussi que ses parents vont t'accepter comme leur enfant[3]. »

Theo est heureux : Jo incarne pour lui l'éternel féminin, un subtil mélange de divinité et de femme idéale. Il discerne en elle des qualités rares et précieuses. En outre, elle est issue du même milieu que lui. Theo, Hollandais du XIXe siècle, avait peu de chances de réaliser avec une Française le mariage dont il rêvait. Il le déplorait déjà, en 1887, dans une lettre à sa sœur Lies : « Ici, la vie familiale n'existe pas (...) alors tu comprends combien c'est lourd parfois (...) de ne jamais connaître de vie intime avec une femme et des enfants de son milieu ; (...) Je ne sais pas si je t'ai déjà raconté mon secret. Je vais tout de suite te le révéler, si tu ne le savais

1. Jean-Claude BOLOGNE, *Histoire du sentiment amoureux*, Paris, Flammarion, 1998.

2. Lettre inédite de Moe à Theo, 22 décembre 1888, b2389V/1982. Fondation Vincent van Gogh.

3. *Ibid.*

pas, j'ai l'intention de demander la main de Jo Bonger dans quelque temps. Je ne la connais pas assez pour t'en parler beaucoup. Comme tu le sais, je ne l'ai vue que quelques fois. Mais ce que je sais d'elle me va parfaitement et elle m'a donné l'impression de pouvoir lui faire confiance. (...) Je pourrai, avec elle, parler de tout[1]. »

Theo ne se trompe pas. Johanna Gesina Bonger est une femme douce, intelligente et cultivée. Née le 4 octobre 1862, à Amsterdam, elle est la cinquième d'une fratrie de sept enfants. Son père, Hendrik Christiaan Bonger, travaille pour une compagnie d'assurances, et sa mère, Hermine Louise Weissmann[2] élève ses enfants. C'est une famille très repliée sur elle-même, ne souhaitant pas favoriser les relations extérieures. Seuls les enfants du frère de Mme Weissman-Bonger sont autorisés à fréquenter les petits Bonger. Jo se montre une enfant gaie, enjouée, rêveuse et facile à vivre ; elle affiche une préférence pour Dries, son aîné d'un an. Élevée dans une famille instruite et mélomane, Jo aime la musique et chérit les soirées « quartette » organisées par son père[3].

Douée pour la langue anglaise, elle s'inscrit à l'université d'Amsterdam et décroche les diplômes A et B, qui lui permettent d'enseigner cette matière. Pour se perfectionner, la jeune fille est envoyée pendant quelques mois à Londres où elle travaille à la bibliothèque du British

1. Lettre inédite de Theo à sa sœur Lies, 19 avril 1887, b910V/1962. Fondation Vincent van Gogh.

2. Elle est la tante du futur architecte du Stedelijk Museum d'Amsterdam.

3. Portrait de Johanna van Gogh-Bonger par son fils, in *Verzamelde Brieven van Vincent van Gogh*.

Museum. Amenée, dans le cadre de la faculté, à rédiger une monographie, elle jette son dévolu sur Percy Bysshe Shelley, poète et dramaturge anglais, dont la vie tumultueuse et les liaisons scandaleuses éclipsent pendant quelque temps ses vers au lyrisme et à la musicalité tellement singulier. Longtemps, elle restera fascinée par la magie de sa poésie. Un autre auteur l'attire également, l'écrivain contemporain hollandais Multatuli, aux allures de héros et à la vie mouvementée. Jo aime les aventuriers, les révoltés au destin glorieux, fulgurant et tragique... Cette sensibilité particulière pour les créateurs originaux ne pouvait que la disposer à s'intéresser à Vincent van Gogh. Et si Jo n'avait pas compris Vincent, Theo ne l'aurait jamais autant aimée !

Sa brève carrière d'enseignante débute, en 1886, dans une pension pour jeunes filles de Tilburg, avant que le lycée d'Utrecht ne l'engage. Elle se consacre avec ardeur à son travail. À la fin de ses fiançailles avec Theo, en mars 1889, elle décrira ainsi son évolution intellectuelle : « Pendant un certain temps, je pensais que je voulais simplement vivre pour les études. Devenir très intelligente. Tout savoir. C'était mon idéal. (...) J'ai vécu si longtemps dans mes livres jusqu'à ce que je sente que cela n'était pas possible, que la vie n'était pas ainsi. (...) À Elburg, je savais qu'avec ce que j'avais appris, j'étais quelqu'un au sein d'un petit cercle, mais c'était trop étroit à la longue. Alors est arrivé un temps, à Amsterdam, où je pensais avoir à entrer dans le monde, voir beaucoup de gens, me mouvoir avec aisance et être au courant de tout. (...) Mais, à la longue, cela ne me satisfaisait plus. Et finalement, après avoir traversé encore un tas d'états d'esprit, j'ai appris que le but du bonheur n'est pas très loin de la vie[1]. »

Physiquement, Jo n'est pas d'une grande beauté : sa figure poupine révèle une candeur gracieusement juvénile. Sans fard ni artifice, son visage respire le naturel. Elle coiffe ses cheveux bruns tirés en arrière, une légère frange soulignant la détermination de son regard sombre. Elle aimerait laisser pousser sa chevelure pour plaire davantage à Theo, mais elle se plaint constamment de ne savoir que faire de ses mèches inégales. Un subtil mélange de masculinité – des traits plutôt grossiers – et de féminité – des courbes maternelles et des joues laiteuses – caractérisent le charme de Johanna. Elle s'habille discrètement, ornant sa blouse d'une broche ou d'un accessoire pour réhausser la simplicité de ses vêtements. La coquetterie typiquement féminine l'ennuie, mais ses attitudes posées révèlent une personne délicieuse. L'élégance de ses manières, parfois légèrement apprêtées, la distingue des autres femmes.

Jo a fait bonne impression à Moe, qui loue ses qualités de diplomate dans la réconciliation de Theo avec Dries : « Ta Jo, je l'ai vue une fois et je l'ai trouvée très mignonne et très bonne. Elle avait très bonne allure. Ce que tu as raconté d'elle autrefois a fait qu'elle ne m'a pas paru étrangère[2]. »

Moe semble faire confiance à la jeune fille ; en ce qui concerne les pronostics d'avenir, elle préfère, comme d'habitude, s'en remettre à la bonne volonté de Dieu.

---

1. Lettre inédite de Jo à Theo, 21 mars 1889, b4280V/1984. Fondation Vincent van Gogh.
2. Lettre inédite de Moe à Theo, 22 décembre 1888, b2389V/1982. Fondation Vincent van Gogh.

Theo espère tant de cette union : « Je crois que si elle voulait, elle pourrait être tant pour moi (...) Vous, les filles, vous pensez en général que dans le monde existent des héros de toutes sortes et que l'homme qui vous demande appartient à cette catégorie d'êtres. Je trouve cela très beau et ne voudrais pas vous enlever vos illusions, mais je crois que plus d'une se méprend si elle compte là-dessus. (...) Je n'aimerais pas que l'on me prenne pour quelqu'un que je ne suis pas », se lamente-t-il dans une lettre à Lies. Il ajoute qu'il aimerait que Jo le connaisse bien afin de ne pas se faire trop d'illusions, avant de conclure : « En effet, c'est encore un peu douteux de savoir si elle veut m'accepter. Pourtant je ne peux pas éloigner mes pensées d'elle, elle est toujours avec moi[1]. »

À trente et un ans, Theo s'exprime sur l'avenir avec l'anxiété et l'incertitude d'un adolescent. Il éprouve le besoin de se confier à des femmes proches, principalement sa mère et à sa sœur Lies. En décembre 1888, alors que ses projets prennent une tournure inespérée, ce n'est pas à Vincent qu'il écrit, mais encore à cette même sœur : « Tu es une des premières à qui je vais raconter cette grande nouvelle qui signifie pour moi un grand retournement qui me rend inexprimablement heureux. (...) Je me suis fiancé à Jo Bonger. J'écris cela, mais je n'arrive pas à réaliser que c'est la vérité, après avoir cru, il y a si peu de temps que cela n'arriverait jamais. Pour te dire précisément comment tout s'est passé, c'est difficile, car moi-même, je ne le sais plus exactement. Elle loge depuis quatre semaines chez son frère. Elle était sur le point de

1. Lettre inédite de Theo à sa sœur Lies, 19 avril 1887, b0910V/1962. Fondation Vincent van Gogh.

partir quand je l'ai rencontrée. Nous nous sommes revus et, très vite, je me suis aperçu que je l'aimais autant qu'autrefois. Maintenant nous nous comprenons mieux. (...) C'est une fille noble et gentille en qui j'ai la plus grande confiance. Si seulement je pouvais la rendre heureuse – comme elle l'attend de ma part – je ferai de mon mieux. Pour nous tous ce serait un don. Car si ma vie désordonnée prend fin, j'espère que nous serons chacun un peu plus l'un à l'autre. Mercredi prochain, elle va à Amsterdam et je pense que le 1er janvier je pourrai y aller enfin et rendre notre engagement public. Si c'était possible, je trouverais fantastique que tu puisses venir toi aussi pour que nous nous voyions ensemble. J'espère seulement que tu l'aimeras. C'est ma volonté et également la sienne. J'espère que Jo t'écrira bientôt. Aujourd'hui, j'espère recevoir une lettre de papa et maman Bonger, et aussi de notre mère, et je sais d'avance qu'il n'y aura pas de grand empêchement, car j'ai reçu un télégramme de son frère Henry[1]. »

Theo est heureux – et soulagé – de l'approbation d'un de ses futurs beaux-frères, car depuis quelques jours, l'hostilité d'Annie Bonger (l'épouse de Dries, chez qui habite Jo) contrariait leur promesse de bonheur. Il en fait part à sa mère : « Il est possible que Jo parte lundi, car la femme d'André nous en veut pour je ne sais quelle raison. Et si cela ne s'arrange pas, il vaut mieux qu'elle rentre chez elle, même si j'aurais aimé la garder ici[2]. » Et pourtant il aurait préféré partir avec Jo pour Amsterdam, comme prévu, demander immédiatement sa main, puis

1. Lettre inédite de Theo à Lies, 24 décembre 1888, b0918V/1962. Fondation Vincent van Gogh.

2. *Op. cit.*, b0917V/1962. Fondation Vincent van Gogh.

présenter sa future épouse à sa mère. Malheureusement, il ne peut s'absenter de Paris en raison de son travail. Il fait donc sa demande par lettre et annonce sa venue pour les premiers jours de janvier 1889. L'allégresse est de courte durée ! Alors qu'il touche de si près au bonheur personnel, un télégramme accablant lui rappelle l'existence de son frère.

Le drame de la maison jaune

« Le soir de Noël – Theo et moi venions de nous fiancer et avions l'intention d'aller en Hollande ensemble – arriva un télégramme qui appela Theo à Arles. Le soir du 23 décembre, dans une crise d'exaltation violente, un accès de fièvre chaude, Vincent s'était coupé une partie de l'oreille et l'avait apportée à une femme dans un bordel ; il y eut un grand tumulte, Roulin le postier avait ramené Vincent, la police s'en était mêlée ; elle avait trouvé Vincent ensanglanté et évanoui dans son lit et l'avait transporté à l'hôpital[1]. » Plusieurs années après le drame, c'est ainsi que Jo racontait les faits de ces jours tragiquement célèbres.

Dans la maison jaune, Vincent et Gauguin cohabitaient difficilement. Ce dernier s'en était plaint, par courrier, à Theo : « Tout calcul fait, je suis obligé de rentrer à Paris. Vincent et moi ne pouvons absolument pas vivre côte à côte sans trouble, par suite d'incompatibilité d'humeur, et lui comme moi avons besoin de tranquillité pour notre travail. C'est un homme remarquable d'intelligence, que j'estime beaucoup et que je quitte à

---

1. *Verzamelde Brieven van Vincent van Gogh.*

regret, mais je vous le répète, c'est nécessaire [1]. » Vincent a déjà compris que son grand projet d'un « atelier du Midi » vole en éclats. Son insupportable solitude le rattrape. Il ne peut s'y résigner. Il essaye de retenir Gauguin… sans résultat. Ce dernier raconte ses craintes à leur ami Émile Bernard : « Depuis que je devais quitter Arles, il était tellement bizarre que je ne vivais plus. Il m'avait dit : “Vous allez partir” et comme j'avais dit : “Oui”, il a arraché d'un journal cette phrase et me l'a mise dans la main : *Le meurtrier a pris la fuite* [2]. » Le 23 décembre, Gauguin sort prendre l'air après dîner. Dans la nuit, il entend derrière lui des pas saccadés : « La veille de mon départ, Vincent a couru après moi ; je me suis retourné, car depuis quelques temps, il devenait très drôle, mais je m'en méfiais. Alors, il m'a dit : “Vous êtes taciturne, mais moi je le serai aussi.” Je suis allé coucher à l'hôtel et quand je suis revenu, tout Arles était devant chez nous [3]. » Quelques années plus tard, Gauguin expliquera avoir été menacé d'un rasoir par Vincent. La vérité, personne ne la connaît ! L'histoire a retenu que Vincent, rentré chez lui et harcelé par des hallucinations auditives, se tranche une partie de l'oreille gauche, s'enroule la tête dans une serviette pour contenir l'hémorragie, se coiffe d'un béret, nettoie le lambeau de chair coupé, l'enveloppe et se rend au bordel qu'il fréquentait avec Gauguin, afin de l'offrir à une jeune prostituée, Rachel. Après lui avoir remis le paquet en lui recommandant :

1. Lettre de Gauguin à Theo, décembre 1988. – *Verzamelde Brieven van Vincent van Gogh*, tome 1, p. 42.
2. Lettre de Gauguin à Émile Bernard, écrite 4 jours après l'événement ; elle est citée par John Rewald.
3. Lettre de Gauguin à Émile Bernard, écrite 4 jours après l'événement ; elle est citée par John Rewald.

« Gardez cet objet précieusement », Vincent retourne se coucher. Quand Gauguin apprend, le lendemain matin, les événements – de la bouche même de la police présente dans la chambre du blessé – il s'enfuit immédiatement à Paris, après avoir prévenu Theo par télégramme. La présence de son frère en Arles s'impose immédiatement !

Theo informe Jo, qui habite toujours chez son frère, par un court message : « Vincent est gravement malade. (...) Je dois y aller car on désire ma venue. Ça me fait tellement de peine de te causer de la tristesse alors que j'aurais tant aimé te donner du bonheur. (...) Je me tiens courageux en pensant à toi [1]. » Il ne connaît pas encore la gravité de la situation, ni les détails. Le soir du réveillon de Noël, Jo accompagne son fiancé à la gare. Sur ce quai glacial, il prend le train pour Arles et, le 25 au matin, se trouve au chevet de son frère, inconscient. Theo, bouleversé, le croit perdu.

« La perte possible de mon frère – qui a signifié tant pour moi et qui a tant grandi en moi – m'a fait penser à cet énorme vide qui viendra quand il ne sera plus là. (...) Est-il fou à jamais ? Les médecins se le demandent et n'osent pas se prononcer. (...) Quand je suis avec lui, il y a des moments pendant lesquels il est bien, mais peu de temps après, il reprend ses divagations philosophiques et théologiques. C'est profondément triste d'y assister ; de temps à autre, il prend conscience de sa maladie, et à ces moments, il essaie de pleurer, mais n'y arrive pas. Pauvre lutteur, pauvre, pauvre souffrant. Actuellement, personne ne peut rien pour soulager sa souffrance, bien

1. Lettre inédite de Theo à Jo, décembre 1888, b2018V/1982. Fondation Vincent van Gogh.

qu'il la sente profondément et si fortement. Si une fois, il avait pu trouver quelqu'un à qui ouvrir son cœur, cela ne serait probablement jamais arrivé [1]. »

Theo, anéanti, reprend le train pour Paris. Sa présence n'apporte rien à Vincent, trop inconscient. Personne ne sait combien de temps il faudra au malade pour retrouver ses esprits. Roulin, l'employé des Postes, fidèle ami du peintre, et le Dr Félix Rey, interne de l'hôpital d'Arles, lui communiqueront les renseignements sur l'évolution de la santé de son frère.

« Depuis ma dernière lettre, je vis entre espoir et crainte. Les nouvelles restent mauvaises. (...) Il y a peu d'espoir, mais, dans sa vie, il a fait plus que la plupart et il a davantage souffert et lutté qu'il est possible pour la plupart des gens. S'il doit se reposer, que ce soit ainsi, mais mon cœur se brise quand j'y pense. À personne je ne peux raconter aussi franchement ce que je pense et t'en remercie. (...) Ensemble, nous allons essayer de voir la lumière du soleil à travers les orages [2]. » Jo l'écoute avec attention ; elle le soutient tendrement. Elle lui est nécessaire dans cette épreuve.

Theo est déchiré par les derniers événements : alors qu'il devrait se consacrer uniquement à construire son futur foyer – Hendrik Christiaan Bonger lui accorde la main de sa fille dans une lettre reçue le 30 décembre –, la tragédie d'Arles le bouleverse. Son bonheur ne peut être complet : « Je désire tant être près de toi, et ne compte pas remettre mon départ à un jour de plus si cela n'est pas

1. Lettre inédite de Theo à Jo, 28 décembre 1888, b2020V/1982. Fondation Vincent van Gogh.
2. Lettre inédite de Theo à Jo, 30 décembre 1888, b2021V/1982. Fondation Vincent van Gogh.

nécessaire, mais pourtant le danger menace. (...) Espérer un rétablissement complet... je n'ose même pas l'envisager, car la crise est la suite d'une multitude de circonstances qui l'ont depuis longtemps conduit sur ce chemin. La seule chose que je peux lui souhaiter est que cela soit court. Quand je lui ai parlé de toi, il a compris ce que je voulais dire et lorsque je lui ai demandé s'il était d'accord avec notre projet, il a dit : "Oui, mais dans la vie, il ne faut pas considérer le mariage comme une affaire majeure[1]." » La seule affaire majeure pour Vincent est bien évidemment la peinture ! Son unique raison de vivre et le principal rempart contre une dérive fatale : cette œuvre qu'ils créent à eux deux, « que l'un donne que l'autre reçoit, tandis que celui-ci fournit de quoi la poursuivre et que, dans ces échanges, on ne saura jamais qui prend, qui offre, ni tout à fait qui peint[2] ».

Malgré son état, Vincent comprend que son frère, aimant et protecteur, s'éloigne de lui en choisissant « la vraie vie », ce type d'existence simple et quotidienne pour laquelle lui n'est pas fait, et dont Theo rêve secrètement depuis des années. L'arrivée d'une tierce personne – Jo, la première véritable amante susceptible d'arracher Theo à son « binôme » – le terrorise. Plus rien ne sera comme avant. Il craint aussi que son frère, involontairement, n'abandonne son rôle social et matériel nécessaire à sa survie. Les deux frères vivaient en véritable symbiose ; ce terme, employé par le professeur néerlandais G. Kraus et le psychanalyste français C. Mauron, signifie, selon ce

1. Lettre inédite de Theo à Jo, 1er janvier 1889, b2022V/1982. Fondation Vincent van Gogh.

2. V. FORRESTER, *Van Gogh ou l'enterrement dans les blés*, Paris, Le Seuil, 1983.

dernier, « que le lien unissant les deux frères fut quelque chose de plus vital et de plus fonctionnel qu'une simple affection mutuelle, même très vive [1] ». Séparé de son frère en raison de l'amour que celui-ci porte à un tiers, Vincent, ne peut survivre. L'inexorable processus de destruction est lancé.

De son côté, Theo croit que Vincent est perdu. Il accepte la situation avec douleur et résignation. Jo est là pour atténuer son chagrin. Elle prend le relais affectif, voire amoureux, de Vincent. Outre l'amour de sa fiancée, sa bouée de sauvetage sera d'obtenir la reconnaissance post-mortem du travail de son frère. « Tu le sais, n'est-ce pas, combien il était pour moi ? Ce qui se trouve de beau en moi a été épanoui et encouragé par lui. (...) J'aurais été si heureux s'il avait pu rester encore le même, conseiller et frère (...) Mais c'est à nouveau la preuve qu'on ne doit compter que sur ses propres forces. Nous devrons honorer sa mémoire, n'est-ce pas ma chérie [2] ? »

De ses parents, Theo a bien assimilé l'une de leurs leçons, alors qu'elle semble incompréhensible à Vincent : l'indépendance – aussi illusoire et fictive soit-elle. Il poursuit ses confidences à Jo : « Déjà je sens dans les lettres de la maison, à l'exception de celles de Wil, par des mots de pitié qu'ils ont de la peine à cacher leur pensée qu'il a toujours été un fou. Ici, dans mon environnement, il n'y a que Degas, Gauguin et Andries qui ne pensent pas cela et qui m'ont soutenu ces temps-ci. Mais personne autant que toi, ma chérie [3]. »

---

1. C. MAURON, *Van Gogh, études psychocritiques*, Paris, José Corti, 1976.
2. Lettre inédite de Theo à Jo, 1er janvier 1889, b2022V/1982. Fondation Vincent van Gogh.
3. Lettre inédite de Wil à Theo, 30 décembre 1888, b2276V/1982. Fondation Vincent van Gogh.

En ce qui concerne la supposée folie de Vincent, les lettres de Wil et d'Émile Bernard confirment le sentiment de Theo. Wil, tristement compatissante, demande à son frère de ne rien lui cacher du diagnostic médical, et lui propose de lui envoyer la somme – en sa possession – provenant de la part d'héritage de Vincent, pour subvenir aux frais médicaux ; elle promet également de faire le voyage pour le voir « s'il était mourant[1] ». Émile Bernard, de son côté, semble réellement traumatisé par l'annonce de l'hospitalisation de Vincent : « Mon meilleur ami, mon cher Vincent est fou, écrit-il. Depuis que j'ai appris cela, je le suis presque moi-même. (...) Mon cher ami est perdu et ce ne serait qu'une question de temps pour sa mort prochaine[2]. » Cependant, les informations dont il dispose émanent de Gauguin, dont on connaît la versatilité.

Contre toute attente, Vincent se rétablit ! Son état ne nécessite plus l'isolement. Dès le 29 décembre, il est soigné dans la salle commune de l'hôpital. À la demande de Theo, le pasteur Salles assiste désormais le malade. Dans une lettre à sa fiancée, Theo exprime son soulagement : « [Vincent] est redevenu calme et la possibilité que tout revienne dans l'ordre existe à nouveau. Si cette crise fait que dorénavant il n'exigera plus autant de lui-même, qui sait si ça peut lui faire du bien[3] ». La suite de son courrier ne concerne que Jo, leur vie future, leurs projets et leurs sentiments : « Alors, il n'y a plus de raison

1. Lettre inédite de Wil à Theo, 30 décembre 1888, b2276V/1982. Fondation Vincent van Gogh.

2. Lettre inédite de Bernard à Aurier, citée partiellement par John Rewald, in *Le Post-impressionnisme*, Paris, Albin Michel, 1961.

3. Lettre inédite de Theo à Jo, 3 janvier 1889, b2023V/1982. Fondation Vincent van Gogh.

de remettre ma venue à plus tard, et je serai heureux d'être près de toi. (...) Maintenant, après l'angoisse de ces derniers jours, la maladie de Vincent et les problèmes de la galerie, c'est un grand vide de ne pas t'avoir près de moi [1]. » Son voyage suit immédiatement. Il s'engouffre dans le premier train pour la Hollande afin de retrouver sa bien-aimée. L'annonce du mariage devient officielle ; des alliances sont même échangées avant la cérémonie. Theo, chaleureusement accueilli par sa future belle-famille, nage dans le bonheur. Et, du fond de sa détresse, Vincent apprend la bonne nouvelle par le biais d'un faire-part. Jo s'en est chargée. Les félicitations, en retour, sont pour le moins laconiques.

Chronique d'une rupture annoncée

Le mariage est prévu pour le mois de mars ou d'avril, à Amsterdam. En attendant impatiemment ce jour de félicité, Theo et Jo apprennent à mieux se connaître, à partager leurs passions.

L'art tient, on le sait, une place prépondérante dans la vie de Theo. Pourtant, sa position de marchand de tableaux lui confère un statut ambigu. Ce n'est pas un homme d'affaires obnubilé par le gain et le profit. Ses employeurs le lui reprochent assez souvent. Il n'est pas non plus un artiste : il ne créée pas directement. Il existe une certaine distance entre la peinture et lui. « J'aurais tellement aimé que tu commences à aimer les artistes et leur travail, écrit-il à sa fiancée. Ça fait tant de plaisir de

1. Lettre inédite de Theo à Jo, 3 janvier 1889, b2023V/1982. Fondation Vincent van Gogh.

remarquer comment ces productions si fines du cœur humain peuvent finir dans le monde et avoir une influence sur ce dernier et sur la vie de tant de gens [1]. » Pas une lettre sans qu'il ne l'entretienne, avec une extrême justesse, sur la peinture et les conséquences de l'art sur l'humanité. Gauguin, Pissarro, Monet et tous les artistes en qui il croit reviennent dans ses écrits, comme des touches de lumière. Avec sa future femme, il aimerait parler « souvent de cette question, car c'est ce qui me touche le plus dans ma vie. Avec Dries, je n'arrive pas à être d'accord là-dessus. Il considère l'art comme quelque chose de merveilleux et pas comme quelque chose qui ait à faire avec la vie même. Il trouve que l'œuvre artistique est au plus haut quand la plupart des difficultés ont été vaincues, tandis que moi, je me fiche de la façon dont cela a été fait, si simplement ça vient de l'âme. La forme artistique n'est pas l'art lui-même. Autrefois, on ne le considérait pas ainsi, mais la peinture n'avait alors pas tant d'emprise dans la vie [2] ». Nombre de détails concernant la décoration et l'aménagement de leur futur appartement figurent aussi dans sa correspondance. Quand il écrit à Jo, ses soucis s'effacent. Celle-ci s'enquiert de la santé de Vincent. Theo répond qu'il craint que « Vincent ne soit pas tout à fait normal [3] » et ne rencontre plus de difficultés qu'il ne faudrait. Theo ne compte pas abandonner son frère, mais lui propose une voie que Vincent est incapable de suivre.

1. Lettre inédite de Theo à Jo, 3 janvier 1889, b2023V/1982. Fondation Vincent van Gogh.

2. Lettre inédite de Theo à Jo, 16 mars 1889, b2050V/1982. Fondation Vincent van Gogh.

3. Lettre inédite de Theo à Jo, 16 janvier 1889, b2024V/1982. Fondation Vincent van Gogh.

Ce dernier lui a déjà écrit au début du mois : « J'ai lu et relu ta lettre concernant ta rencontre avec les Bonger. C'est parfait. Pour moi, je suis content de rester tel que je suis[1]. » Quelle doit être son amertume en découvrant les conseils de son frère : suivre le même chemin que lui ! Theo, avec une innocente inconscience, espère faire partager son bonheur à son frère, lui racontant avec force détails cette harmonie presque conjugale : Moe et ses sœurs s'entendent à merveille avec sa fiancée ; Wil et Jo correspondent et s'échangent de menus présents comme il est normal de le faire entre sœurs. Dans une lettre datée du 8 mars, Wil confie à sa future belle-sœur combien elle l'aime[2]. La compassion de Jo à l'égard de Vincent touche profondément les Van Gogh. Moe ne tarde pas à écrire à son fils quelle consolation représente Jo dans leur chagrin[3]. Pour les détails du futur ménage ou les inquiétudes conjugales de Jo, Moe sert d'intermédiaire entre les fiancés.

Theo regrette tellement de ne pouvoir partager sa joie avec son frère : « Tu as tant fait pour moi que je suis navré de savoir que maintenant que j'aurai probablement des jours de bonheur avec ma chère Jo, tu auras justement de bien mauvais jours[4]. »

Après être sorti de l'hôpital, Vincent connaît des difficultés à vivre, aussi bien avec lui-même qu'avec son entourage. Dans la maison jaune, les hallucinations auditives reprennent, mêlées à l'obsession que l'on tente

1. Lettre de Vincent à Theo, 567 F.

2. Lettre inédite de Wil à Jo, 8 mars 1889, b2397V/1982. Fondation Vincent van Gogh.

3. Lettre inédite de Moe à Theo, 12 mars 1889, b2934V/1982. Fondation Vincent van Gogh.

4. Lettre de Theo à Vincent, 16 mars 1889, n° T 4.

de l'empoisonner. À la suite d'une pétition des gens du quartier – convaincus du danger de le laisser en liberté – Vincent est arrêté et interné de nouveau à Arles. Roulin, Rey et Salles s'occupent de lui avec sollicitude ; Theo continue de lui envoyer de l'argent sans faire de projet de voyage. Le billet coûte cher ; mais aussi, a-t-il réellement envie de retrouver son frère amoindri : « J'aurais bien aimé y aller par moi-même, mais cela ne servirait à rien. Et ce serait au moins aussi navrant que quand j'y suis allé la première fois [1] », confie-t-il à Jo. Vincent, pour culpabiliser son frère, peut se montrer parfois cynique et cruel. Il sait bien que Theo, dont la fragilité psychique est exacerbée, tente, avec l'aide de Jo, de se reconstruire.

Pour se rassurer, Theo persuade le brave Signac de faire, le 23 mars, une halte en Arles, sur le chemin de Cassis. La visite se passe bien, jusqu'au moment où Vincent tente d'avaler une bouteille de térébenthine. Il venait juste de dévoiler à son ami ses dernières toiles. Paul Signac le confie à ses médecins et adresse un rapport bienveillant à Theo, sans tirer de conclusions trop hâtives.

Une semaine plus tard, le samedi 30 mars – jour de l'anniversaire de Vincent –, Theo prend le train pour la Hollande afin de retrouver sa fiancée et d'organiser leur mariage, fixé au 18 avril, à la mairie d'Amsterdam.

Oui, seulement à la mairie ! C'est que Theo et sa fiancée ne voient pas la nécessité d'une cérémonie religieuse. Wil le supplie de revenir sur sa décision pour faire plaisir à la famille : « Moe se fait du souci jour et nuit si

1. Lettre inédite de Theo à Jo, 16 mars 1889, b2050V/1982. Fondation Vincent van Gogh.

vous ne vous mariez pas à l'église. Pour la maison, pour la famille Bonger, ce n'est pas possible. Allez, fais-le, sinon ça causera tant de chagrin. La réception et toutes ces choses, tu peux les arranger, sinon ce n'est pas possible autrement. Tu peux le faire sans génuflexion. Tu sais, ça se fait aussi, il suffit de le demander au pasteur. Alors cela ne sera rien d'autre qu'un souhait de bonheur, parce que de toutes façons tu n'es pas dans le monde pour ton propre plaisir. Alors fais-le [1]. »

Devant l'insistance des deux familles, Theo, toujours diplomate, cède : « Il paraît que nous allons donc nous marier à l'église. L'argument que j'ai avancé n'a pas été pris en considération. Tu ne crois pas que c'est le mieux de faire ce qui fera plaisir aux gens ? Mais je ne tairai pas que je trouve que tout cela est une comédie. Ne trouves-tu pas dommage que, même si des fois on sent quelque chose très clairement, il soit impossible de pouvoir faire partager ses sentiments à d'autres. (...) Je trouve cela dommage [2]. » L'attitude conciliante de Theo, dans ce cas, révèle sa conduite générale, non pas par absence de conviction ou par lâcheté, mais par lassitude face à l'intolérance et à la bêtise humaines. Il refusera toujours de se taire, mais manque cruellement de pugnacité pour imposer ses idées. La peur de l'échec le paralyse. Theo est un homme épuisé à tous points de vue : psychologiquement, ses luttes professionnelles incessantes, ses rapports conflictuels avec son frère, le laissent sans forces ; physiquement, la maladie le ronge depuis des années ; la souffrance l'effraie. Malgré son projet de

1. Lettre inédite de Wil à Theo, 16 mars 1889, b2392V/1982. Fondation Vincent van Gogh.

2. Lettre inédite de Theo à Jo, 16 mars 1889, b2050V/1982.

mariage, la vie même est pour lui source d'angoisse. Le petit garçon rieur de Zundert est devenu un être craintif, toujours sur le qui-vive. Johanna essaye de lui redonner foi en l'existence, tente de lui apprendre à vivre en paix malgré ses troubles. Il apprécie : « Il y aura des difficultés, ma chère enfant, mais avec toi je me sens fort pour les surmonter, lui écrit-il. Je vis dans un brouillard. Je n'arrivais pas à être moi-même ces derniers temps. (Mais…) la chose la plus importante est l'amour et je t'aime follement[1]. »

Pour le mariage, les choses s'arrangent. Moe et les Bonger respectent la volonté de leurs enfants : les échanges de consentement se feront uniquement à la mairie d'Amsterdam, à la date prévue et dans la stricte intimité. Seuls les amis et la famille sont conviés, à l'exception de Vincent dont l'état de santé ne permet pas le voyage.

Immédiatement après la cérémonie, les époux quittent la Hollande pour leur nouvel appartement, cité Pigalle.

À son arrivée à Paris, le 19 avril, Theo trouve une lettre du pasteur Salles lui rapportant l'évolution des événements : Vincent refuse toujours d'habiter dans le petit appartement de Mme Rey et préfère demeurer dans une structure le prenant complètement en charge. Il ne se sent pas le courage et la force de vivre seul. Des évanouissements fréquents l'épuisent et le rendent temporairement amnésique : « Il a une pleine conscience de son état et il parle avec moi de ce qu'il a eu et dont il craint le retour, avec une candeur et une simplicité touchantes. “Je ne suis pas capable, me disait-il

1. Lettre inédite de Theo à Jo, 14 mars 1889, b2047V/1982. Fondation Vincent van Gogh.

avant-hier, de m'administrer et de me gouverner moi-même ; je me sens tout autre que je n'étais auparavant." (...) Il m'a chargé alors de prendre les renseignements nécessaires pour qu'il pût être interné quelque part et de vous écrire aussi dans ce sens. En présence de cette détermination prise après mûre réflexion, j'ai pensé, avant de m'adresser à vous, de prendre quelques informations au sujet d'un établissement privé qui est aux portes d'Arles, à Saint-Rémy, et où, paraît-il, les pensionnaires sont très bien traités. Je vous envoie la réponse et le prospectus qui l'accompagne [1]. » Theo, bouleversé par la décision de son frère qu'il prend pour un renoncement, essaye de le rassurer : « Espérons que cela ne sera qu'à titre préventif. Comme je te connais assez pour te croire capable de tous les sacrifices imaginables, j'ai pensé que la possibilité existe que tu aies songé à cette solution pour gêner moins ceux qui te connaissent. Si cela est le cas, je te supplie de ne pas le faire, car certainement la vie là-dedans ne doit pas être agréable [2]. » Il lui propose en outre d'aller à Pont-Aven ou de venir à Paris quelques temps.

Depuis longtemps, Theo a perçu la complexité de la personnalité de Vincent. Peu de temps avant son mariage, après la proposition de Jo d'accueillir son futur beau-frère à Paris, il lui explique : « Une des grandes difficultés vient de ce qu'il est imperméable à toute influence extérieure, qu'il soit bien ou mal portant. Si tu le connaissais, tu réaliserais plus clairement combien il

1. Lettre du révérend Salles à Theo, 19 avril 1889, b1050V/1962. Fondation Vincent van Gogh.

2. Lettre de Theo à Vincent, 24 avril 1889, T 5.

est difficile de résoudre la question de ce qu'il convient de faire. Comme tu le sais, il a depuis longtemps brisé avec toutes les conventions. Sa façon de s'habiller et ses manières montrent immédiatement que c'est un homme d'une autre sorte et, depuis des années déjà, ceux qui le voient disent : "C'est un fou." Cela ne me fait rien, mais à la maison, cela ne marcherait pas. Même dans sa façon de parler, il y a quelque chose qui fait que les gens, ou bien pensent grand bien de lui, ou bien sont incapables de le supporter. Il trouve toujours des gens qui sont attirés par lui, mais il a aussi beaucoup d'ennemis. Il lui est impossible d'avoir des relations indifférentes. C'est toujours ou tout l'un ou tout l'autre. Même pour ceux qui sont ses meilleurs amis, ce n'est pas toujours facile de s'entendre avec lui, car il n'épargne rien ni personne. Si j'avais le temps, j'irais le voir et je l'emmènerai peut-être faire un pèlerinage ; je crois que c'est maintenant la seule chose qui le calmerait réellement un peu. Si je pouvais trouver quelqu'un parmi les peintres qui voudrait entreprendre un tel projet avec lui, je le lui enverrais. Mais ceux avec qui il peut s'entendre sont tous plus ou moins effrayés par lui et le séjour de Gauguin avec lui n'a rien changé, au contraire [1]. »

Theo, fatigué de se sacrifier pour son frère – mais incapable d'agir autrement –, aimerait bien pouvoir vivre sa « vraie » vie... Il a déjà expliqué à Jo combien le tumulte parisien ne convenait pas à Vincent (la police l'empêchait de stationner où il voulait peindre, les modèles refusaient de poser pour lui) et à quel point leur

1. Lettre de Theo à Jo, avril 1889. – *Verzamelde Brieven van Vincent van Gogh*, *op. cit.*, vol. I, p. XLVIII-XLIX.

cohabitation rue Lepic fut difficile. Aujourd'hui, il ne se sent ni la force ni l'envie de renouveler l'expérience. Cependant, toujours scrupuleux, il poursuit : « Je souffre d'être tellement impuissant et de ne pouvoir rien faire pour lui. Aux êtres extraordinaires, il faut des mesures extraordinaires et j'espère qu'elles se trouveront là où des gens ordinaires n'auraient pas pensé à les chercher [1]. »

De son côté, Vincent s'agite, s'inquiète. Theo le rassure, justifiant l'argent considérable qu'il lui envoie, fidèlement. : « (...) Tu dis vraiment trop de bien d'une chose qui n'est que toute naturelle sans compter que tu me l'as rendu plusieurs fois, et par ton travail et par une fraternité qui vaut plus que tout l'argent que jamais je posséderai [2]. » Généreusement, Theo n'évoque pas l'argent qu'il lui donne, mais celui qu'il peut gagner. Pour lui donner du courage, ou pour se persuader qu'il ne sera pas entraîné dans la chute de son frère, il lui confie le charme de la vie conjugale : « L'appartement prend un aspect habité grâce à toutes sortes d'inventions de Jo. Nous nous entendons très bien ensemble, de sorte qu'il y a une si complète satisfaction des deux côtés, que nous nous sentons plus heureux que je ne puis te le dire (...) Je n'avais pas espéré tant de bonheur [3] ! »

La vie parisienne du jeune couple

Pendant que Theo s'affaire à la galerie, Jo se consacre à l'organisation de leur bonheur domestique et à

1. Lettre de Theo à Jo, avril 1889. – *Verzamelde Brieven van Vincent van Gogh*, *op. cit.*, vol. VXI, p. XLVIII-XLIX.
2. Lettre de Theo à Vincent, 24 avril 1889, T 5.
3. *Ibid.*.

l'aménagement de leur appartement. Situé au troisième étage gauche, il ne plaisait pas complètement à Theo, qui trouvait « l'entrée en mauvais état, la cuisine sombre... [et] le quartier pas très chic », alors que Jo s'en contente. La salle à manger devient la pièce de réception tandis que le salon reste en chantier. Theo, en esthète avisé, souhaite habiller les fenêtres de tissages rares en soie jaune-bleu-vert, venus d'Indonésie. Le logement compte aussi trois chambres ensoleillées « de neuf heures du matin à six heures du soir », écrit Jo à sa famille. Elle décrit avec minutie chaque pièce, y compris la cave où Theo entrepose leur tonneau de vin et le charbon. Elle détaille ses relations avec la bonne – qui n'est pas très ordonnée – et se plaint de jouer du piano moins assidûment qu'autrefois. Ses lettres révèlent une vie bourgeoise et confortable, assistée par une domestique. La jeune femme remplit parfaitement son rôle d'épouse, assumant certaines tâches ménagères : elle lave elle-même les couverts en argent, dont le couple se sert à tous les repas, ou se charge de « faire cuire les pommes de terre à la manière hollandaise ».

Theo s'embourgeoise : plus question de sorties nocturnes dans Montmartre. Les Van Gogh préfèrent recevoir chez eux : les peintres Isaäcson et Hart Nibbrig viennent dîner de temps à autre ou passent souvent un moment avec eux ; sans oublier les soirées avec Dries et les Pissarro.

L'artiste et son fils Lucien sont déjà des habitués du 8 cité Pigalle. Les voisins connaissent ce colosse à l'épaisse barbe blanche, au feutre souple et à l'imperméable noir, toujours accompagné d'un jeune homme lui ressemblant étrangement. Surnommé par ses amis, Moïse, Abraham ou le Bon Dieu, Pissarro impressionne par sa puissance et sa bonté. Âgé, à l'époque, de cinquante-neuf ans, il n'a rien perdu de sa fougue révolutionnaire d'antan. Anarchiste convaincu, inspiré par Proudhon, il prône la lutte des classes et la vigilance : « Quand viendra donc une bonne révolution, quand chaque bourgeois sera forcé à perpétuité d'acheter au moins deux tableaux par an aux artistes [1] ? » Effrayés par ses idées subversives, Monet, Sisley, Gauguin et Renoir ont préféré prendre leurs distances, alors que, avec Theo, le dialogue continue. Le tempérament rustique et généreux du peintre ne peut que le séduire. Jo, elle aussi, est sous le charme et l'écoute silencieusement. Elle partage depuis longtemps son opinion, mais, trop timide pour s'exprimer dans une langue qu'elle maîtrise mal, elle se contente d'approuver ses paroles.

Quand la fête est finie, Jo et Theo se retrouvent enfin seuls. Las, mais heureux de ce tête-à-tête conjugal : « Il faut savoir que dans la journée nous n'avons pas le temps de faire les commissions ensemble et le soir, quand Theo est enfin à la maison, nous aimons mieux rester chez nous [2]. »

Bien entendu, il leur arrive de sortir dans ce Paris nocturne, que Jo découvre avec plaisir : « De temps en temps, nous faisons la fête de façon étonnante. Mardi, Monsieur Tersteeg est venu manger chez nous et il nous a demandé à son tour de venir dîner avec lui, au Doyen, un restaurant sur les Champs-Élysées, en plein air… c'est vraiment très sympathique. Ce fut une soirée

1. *In* John REWALD, *Camille Pissarro*, Paris, Cercle d'Art, 1989.
2. Lettre de Jo à Moe, 7 juin 1889, bV/1982. Fondation Vincent van Gogh.

vraiment agréable[1]... » D'autres fois, ils se rendent à un magnifique bal, ou au restaurant de la tour Eiffel, invités par M. Corcos[2] et sa femme.

Jo se décide à écrire à Vincent : « Quand nous n'étions pas encore mariés, je pensais toujours : je n'ose pas encore écrire à Vincent sur toutes sortes de choses, mais à présent que nous sommes réellement devenus frère et sœur, je voudrais tant que tu me connaisses un peu moi aussi et, si cela se pouvait, que tu m'aimes un peu[3]. » Son beau-frère la subjugue. Elle confiait à Theo que par rapport à lui elle se sentait « si petite, pratiquement rien[4]. »

L'humilité et la modestie de Jo n'attendrissent pas le génie de Saint-Rémy, qui lui répond sur un ton condescendant, voire ironique. Jo est tout de même ravie de sa réponse. Elle admire réellement les œuvres de Vincent accrochées sur leurs murs, et écrit à sa belle-sœur, à propos de *La Nuit étoilée* : « ... Je le trouve très très beau. Comment se fait-il, Wil, que de tous les tableaux que je vois chez Theo (à la galerie) – et il y en a tant qui me semblent bizarres – ce sont toujours ceux de Vincent que je comprends le mieux et que trouve les plus jolis[5] ? » Jo parfait son éducation architecturale et artistique auprès de Theo, qui l'emmène volontiers visiter la capitale ou des ateliers d'artistes.

1. *Ibid.*

2. Vittorio-Matteo Corcos, peintre italien résidant à Florence, ami de Theo.

3. Lettre de Jo à Vincent, 8 mai 1889.

4. Lettre de Jo à Theo, 16 janvier 1889, b4252V/1984. Fondation Vincent van Gogh.

5. Lettre inédite de Jo à Wil, 23 août 1889, b0944V/1982. Fondation Vincent van Gogh.

Son seul souci : surveiller la santé préoccupante de son mari ; elle apprend à sa belle-famille qu'il accepte, enfin, après ses longues supplications, de consulter le docteur Rivet.

Theo travaille énormément et détaille dans ses lettres à Vincent ce qu'il organise et découvre. Son principal enthousiasme artistique concerne les caisses de tableaux expédiées par son frère. Il le réconforte et l'encourage : « Il y a quelques jours j'ai reçu ton envoi qui est très important il y a des choses superbes. Le tout est arrivé en bon ordre et sans avaries. *Le Berceau*, le *Portrait de Roulin*, *Le Petit semeur avec l'Arbre*, *Le Bébé*, *La Nuit étoilée*, *Les Tournesols* et *La Chaise avec la pipe et le tabac* sont ceux que je préfère jusqu'à présent. Les deux derniers surtout sont bien curieux. Certes ce n'est pas là le beau qu'on enseigne, mais il y a quelque chose de si frappant et de si près de la vérité. (...) Maintenant il y a dans tes toiles une vigueur que l'on ne trouve pas dans les chromos ; par le temps cela deviendra très beau comme pâte et certainement un jour elles seront appréciées. Si nous voyons que les Pissarro, Gauguin, Renoir, Guillaumin ne se vendent pas, il faut presque être content de ne pas avoir la faveur du public vu que ceux qui l'ont maintenant ne l'auront pas toujours et que le temps pourrait bien changer très prochainement. Si tu voyais comme le Salon et l'exposition universelle sont faibles au point de vue des tableaux, tu serais, je crois, d'avis qu'ils ne tiendront plus longtemps[1]. Theo ne se trompe pas. Son talent de visionnaire est évident. Certains auteurs ont nié la reconnaissance du génie de Vincent par Theo. À cette date, aucun doute ne subsiste

1. Lettre de Theo à Vincent, 21 mai 1889, T 9.

sur l'importance accordée par Theo à l'œuvre de son frère. Il lui demande même quatre toiles supplémentaires à exposer aux Indépendants.

Theo veut aussi le stimuler : « Il y a dans tous [tes derniers tableaux] une puissance de couleurs que tu n'avais pas atteinte, ce qui constitue déjà une qualité rare, mais tu es allé plus loin et s'il y en a qui s'occupent de chercher le symbole à force de torturer la forme, je le trouve dans beaucoup de tes toiles par l'expression du résumé de tes pensées sur la nature et les êtres vivants, que tu y sens si fortement attachés. Mais comme ta tête doit avoir travaillé et comme tu t'es risqué jusqu'à l'extrême point où le vertige est inévitable [1]. »

Theo, conseiller artistique de Vincent

Le 5 juillet 1889, Jo annonce à Vincent « une grande nouvelle qui nous a beaucoup occupés ces derniers temps – c'est que, cet hiver, vers février probablement, nous espérons avoir un bébé, un joli petit garçon – que nous appellerons Vincent, si vous voulez bien être le parrain ». La nouvelle anéantit Vincent. Lui, qui semblait aller mieux, apprend avec désespoir que le cycle infernal des Vincent van Gogh reprend ! Une véritable malédiction. Les macabres souvenirs enfouis au fond de sa pensée ressuscitent brutalement. La naissance d'un enfant représente le point final de tous ses espoirs, elle signifie la séparation définitive d'avec Theo. Comment pourra-t-il continuer à lui prodiguer protection et conseils alors

1. Lettre de Theo à Vincent, 16 juin 1889, T 10.

qu'il va devoir se consacrer à son enfant ? Il ne sera plus l'unique élu dans le cœur et dans l'esprit de son frère.

De son côté, l'enthousiasme de Jo est nuancé : « Quand nous avons écrit à Amsterdam et à Breda, tout le monde a répondu : "N'êtes-vous pas contente, quel bonheur, etc." Et pourtant, pour dire la vérité, quand je l'ai su, je n'étais pas du tout contente au contraire, j'étais très malheureuse et Theo a eu bien de la peine à me consoler. Ce n'est pas que je n'aime pas les bébés – mon petit frère qui a maintenant douze ans, je l'ai eu dans mes bras quand il avait à peine deux heures, je l'ai adoré et je trouve qu'il n'y a rien de plus joli au monde qu'un petit enfant – mais cela est un plaisir un peu égoïste. Quand je pense que ni Theo, ni moi nous ne sommes en très bonne santé j'ai grand peur que nous ne fassions un enfant faible et pour moi le plus grand trésor que les parents peuvent donner à leur enfant c'est une bonne constitution [1]. »

Sa grossesse l'accable d'autant plus que Theo s'affaiblit chaque jour davantage. « Moi, j'ai l'air d'un cadavre », écrit-il à son frère. Rivet lui a prescrit plusieurs médicaments, dont le seul effet positif est de « faire cesser cette toux qui me tuait [2]. » Mais il est probable que Jo ignore la nature exacte du mal dont souffre son mari : à cette époque, ces choses « hygiéniques » ne se dévoilent pas à une jeune épousée [3]. Le docteur Gruby lui interdisait « les femmes », au début de l'année 1888 ; et voilà que, deux ans plus tard, la sienne met au monde son enfant !

1. Lettre de Jo à Vincent, 5 juillet 1889, T 11.
2. Lettre de Theo à Vincent, 16 juillet 1889, T 12.
3. Y. KNIBIEHLERP, « Corps et cœurs », in *Histoire des femmes*, tome 4, *Le XIXe siècle*, sous la direction de G. FRAISSE et M. PERROT, Paris, Plon, 1991.

Vincent, touché par les doutes de sa belle-sœur, écrit une charmante lettre [1], adressée conjointement aux deux époux, leur démontrant que l'amour compte plus que tout, et que cet enfant à naître en recevra tant qu'il ne pourrait hériter d'un plus beau cadeau de la vie. Puis, il ajoute avec lucidité : « Pour ce qui est d'être le parrain d'un fils de toi, alors que d'abord cela peut être une fille, vrai, dans les circonstances, je préférerais attendre jusqu'à ce que je ne sois plus ici [2]. » Pourtant, les futurs parents s'entêtent dans leur choix, tant par amour pour Vincent que comme preuve de leur reconnaissance.

Bien que malade, Theo franchit un pas de plus vers la « vraie vie », alors que Vincent s'enfonce dans la folie. Au début du mois de juillet, alors qu'il était sorti par grand vent pour peindre une toile champêtre, il est de nouveau submergé par une crise violente. Il termine son travail et rentre à l'asile dans un état pitoyable. Dans un premier temps, Theo n'en est pas informé. Quelques jours plus tard, le docteur Peyron lui avoue la gravité de la situation. Vincent n'a jamais été aussi atteint. Un jour, il s'est introduit dans son atelier pour avaler des tubes de peinture, afin de se nourrir symboliquement et de mourir de sa seule passion. La conclusion du médecin est sans appel : la peinture rend malade Vincent ; elle lui sera donc formellement proscrite jusqu'à nouvel ordre.

Désemparé par ce nouveau drame, Theo envoie à son frère une courte épître en néerlandais, lui assurant que rien n'a changé entre eux : « Mon pauvre garçon, que j'aimerais savoir que faire pour mettre fin à ces

---

1. Lettre de Vincent à Jo, non datée. Vincent VAN GOGH, *Correspondance générale*, op. cit, tome 3.
2. *Ibid.*

cauchemars. (...) Dans ta dernière lettre, tu m'écrivais qu'il n'y a plus qu'une raison qui fait de nous de vrais frères. Je le sens comme toi, quoique mon cœur ne soit pas si sensible que le tien, je peux m'imaginer l'oppression que tu sens par tant de pensées qui ne trouvent pas de solution. Ne perds pas courage et songe que j'ai tant besoin de toi[1]. » Vincent supplie son frère d'intervenir pour que l'interdiction de peindre soit levée. Avant cette dernière crise, Theo lui prodiguait des encouragements : les Pissarro, le père Tanguy et quelques autres ont admiré ses dernières toiles, dont les scènes de nuit et les tournesols qui font « l'effet d'un morceau d'étoffe brodé de satin et d'or, c'est magnifique ». Theo a loué un espace chez Tanguy pour y entreposer les toiles de Vincent qui était restées en attente jusque là dans son ancien appartement de la rue Lepic. Ainsi seront-elles vues plus facilement qu'à la galerie ou que chez Theo. La dernière nouvelle, et non la moindre, émane de Bruxelles où Maus, le secrétaire des XX (les Vingt) a contacté Theo pour présenter des œuvres de Vincent lors de leur prochaine exposition.

Octave Maus, avocat et critique d'art célèbre, a créé, en 1881, avec Edmond Picard, la revue *L'Art moderne*, afin de promouvoir toutes les avant-gardes artistiques et de donner un essor à la jeune peinture de son pays. De 1883 à 1893, il dirigera le secrétariat du cercle des XX, un groupe d'artistes dynamiques, soucieux des interactions entre les arts et les pays ; féru de nouveautés, il organise, chaque année, une exposition retentissante (de 1884 à 1886, au Palais des Beaux-Arts, et de 1897 à 1893, au Musée moderne) à Bruxelles. Outre les artistes

1. Lettre de Theo à Vincent, 14 août 1889, T 14.

belges, des invités étrangers sont sélectionnés, chaque année, pour leur talent novateur. Des impressionnistes ou post-impressionnistes français, tels Monet, Pissarro, Seurat, Signac, Toulouse-Lautrec et même Gauguin – notamment présentés par la galerie de Theo – y ont déjà été conviés avant que Vincent soit enfin retenu. Maus, excellent critique sachant repérer des merveilles dont personne ne voulait entendre parler, est le cousin du peintre Eugène Boch, un ami de Vincent[1]. Tout comme les Indépendants, les XX souhaitent contrecarrer le Salon officiel de Bruxelles, temple du classicisme et de l'art pompier. Maus offre la liberté aux « Vingtistes » de choisir et d'accrocher eux-mêmes leurs œuvres sur les cimaises.

Theo se fait une joie d'annoncer une telle nouvelle à son frère. Malheureusement, l'écho attendu en retour ne vient pas. Vincent répond que rien ne presse et qu'il n'est pas impatient d'exposer : il ressent un sentiment d'insatisfaction quant à ses derniers travaux. Le pauvre Theo est décontenancé ; mais, connaissant trop bien les volte-faces de Vincent, il ne prend pas aux sérieux ses dernières considérations.

Même réaction du peintre pour l'exposition des Indépendants, qui débute en septembre 1889, à laquelle Theo envoie *Les Iris* et *La Nuit étoilée sur le Rhône*. Patiemment, le frère-marchand d'art rend compte au frère-peintre : « Le dernier est mal placé, car on ne peut pas se mettre à distance assez grande, la salle étant très étroite, mais l'autre fait excessivement bien. » Il faut rappeler que les Indépendants exposent dans des

---

1. D. SWEETMANN, *Une vie de Vincent van Gogh*, Paris, Presses de la Renaissance, 1990.

baraquements provisoires des Postes et Télégraphes installés sur les ruines du palais des Tuileries – incendié pendant la Commune. Ce salon ne comprend ni jury ni récompenses, et toutes les audaces y sont théoriquement permises.

À cette époque, Vincent exprime le souhait de revenir dans le Nord. Le climat provençal et l'isolement ne lui conviennent plus. Il évoque la possibilité de se faire héberger par Pissarro, qui a souvent accueilli des peintres chez lui. Une fois de plus, Theo le prie de formuler clairement ses souhaits et l'encourage à se rapprocher de Paris. Hélas, loger « un peintre fou » contrarie Mme Pissarro. Theo relate à son frère : « Je crois que lui n'a pas grand-chose à dire à la maison où sa femme porte la culotte. Après quelques jours, il m'a dit que chez lui ce n'était pas possible, mais qu'il connaît quelqu'un à Auvers, qui est médecin et fait de la peinture dans ses moments perdus [1]. » Le docteur Gachet, « l'ami des impressionnistes » – socialiste, homéopathe et peintre à ses heures – est contacté par Pissarro pour mettre ce plan à exécution dès le printemps suivant. En Arles, le docteur Peyron n'y voit aucune objection.

Outre les mètres de toiles, les couleurs, les châssis et les brosses, Theo continue de transmettre à son frère l'actualité de la vie parisienne, à lui faire parvenir des livres, des reproductions et des journaux. Avec constance, il l'encourage, lui communique l'enthousiasme d'Isaäcson – l'artiste est l'un de ses plus fervents admirateurs – à l'égard de sa peinture. D'ailleurs, pour boucler ses fins de mois, ce peintre écrit des critiques sur

1. Lettre de Theo à Vincent, 4 octobre 1889, T 18.

l'art moderne dans l'hebdomadaire amstellodamois *De Portefeuille*. Dans le numéro du 17 août 1889, il rédige un plaidoyer commençant ainsi : « Qui interprète pour nous en formes et en couleurs la grande vie, la puissante vie, dont le XIXe siècle est de plus en plus conscient ? J'en connais un, un pionnier solitaire, il lutte seul dans la nuit profonde et son nom, Vincent, est destiné à la postérité. Il y aura davantage à dire par la suite de ce remarquable héros – un Hollandais. »

Désormais, Theo respecte le vœu de son frère de présenter ses toiles signées Vincent, et non Van Gogh. Officiellement, ce serait parce que ce nom est imprononçable en France ; officieusement, c'est pour rompre avec la lignée familiale ; certainement, aussi, Vincent veut se distinguer de l'autre Van Gogh, Theo, le marchand hollandais très connu dans le microcosme artistique parisien.

L'admiration de Theo pour le travail de Vincent s'affirme de plus en plus. Son point de vue de critique se retrouve dans de nombreuses lettres. Le 4 octobre 1889 : « J'aime beaucoup le champ de blé et les montagnes, qui sont d'un dessin bien expressif. Il y a dans le champ de blé ce côté inébranlable que la nature a, même dans ses aspects les plus farouches. Le verger est bien beau aussi [1]. » Le 22 octobre : « Je trouve que tu es le plus fort en faisant des choses comme cela *(Les Iris)*, ou comme la diligence de Tarascon, ou la tête d'enfant, ou le sous-bois avec lierre, en hauteur. La forme est si bien arrêtée et l'ensemble est plein de couleur. Je sens bien ce qui te préoccupe dans les nouvelles toiles comme le

1. *Ibid.*

village au clair de lune ou les montagnes, mais je trouve que la recherche du style enlève au sentiment vrai des choses[1]. » Le 22 décembre 1889 : « J'ai bien reçu ton envoi du champ de blé et tes deux chambres à coucher. Surtout, j'aime le dernier, qui comme couleur est comme un bouquet de fleurs. C'est d'une intensité de couleur bien grande. Le champ de blé a peut-être plus de poésie ; c'est comme un souvenir de quelque chose qu'on a vu. (...) Je suis curieux de voir tes oliviers, cela peut être beau. *Les Tournesols* étaient en montre chez Tangui *(sic)* cette semaine et faisaient très bien. Tes tableaux égaient le magasin de Tangui et le père Tangui les aime beaucoup, mais il ne vend pas plus autre chose que les tiens[2]. » Et le 8 janvier 1890 : « Parmi les autres toiles que j'aime beaucoup, les femmes qui grimpent sur les rochers et la grand-route avec les cantonniers. Je trouve que dans tes derniers tableaux, il y a plus d'atmosphère, plus de distance que dans les précédents. Ce qui provient peut-être que tu n'empâtes pas tant partout. Il y avait dans un des rouleaux aussi un superbe dessin à la plume qui représente une fantaisie dans un jardin[3]. »

La naissance d'un autre Vincent

Alors que tout semblait à peu près calme, Theo apprend que Vincent a été anéanti pendant quelques jours à la suite d'une nouvelle crise. S'agit-il d'épilepsie ou d'une autre maladie ? Cette crise coïncide avec la

1. Lettre de Theo à Vincent, 22 octobre 1889, T 19.
2. Lettre de Theo à Vincent, 22 décembre 1889, T 22.
3. Lettre de Theo à Vincent, 8 janvier 1890, T 24.

naissance imminente de l'enfant de Theo. Vincent est également préoccupé par sa première exposition vraiment importante. Theo s'est occupé des tractations et des envois avec Maus. Il a fait parvenir à Bruxelles les toiles de son frère, le 3 janvier 1890.

Après avoir paru peu intéressé, Vincent s'était finalement chargé lui-même du choix des peintures à exposer, le révélant à Maus : « Avec plaisir, j'accepte votre invitation d'exposer avec les Vingtistes. Voici la liste des toiles que je vous destine : nº 1 *Tournesols* ; 2, *Tournesols* ; 3, *Le Lierre* ; 4, *Verger en fleurs* (Arles) ; 5, *La Vigne rouge* (Montmajour)[1]. » Il explique ensuite que ces tableaux créeront, exposés côte à côte, « un effet de couleur un peu varié ». Cézanne, invité pour la première fois, également cette même année, a envoyé deux fois moins de tableaux.

Le vernissage de l'exposition a lieu, le 17 janvier. Theo ne peut s'y rendre étant donné la grossesse avancée de Jo. Il raconte à son frère, le 22 janvier : « Il paraît que l'exposition des XX à Bruxelles est ouverte ; dans un journal, je lisais que les toiles qui excitent le plus la curiosité sont les études de plein air de Cézanne, les paysages de Sisley, les symphonies de van Gogh et les œuvres de Renoir. (...) Je crois que nous pouvons attendre avec patience jusqu'à ce que le succès vienne, tu le verras sûrement. Il faut se faire connaître sans vouloir s'imposer et cela viendra tout seul par tes beaux travaux[2]. » Philosophe et résigné, Theo manque toujours de combativité.

---

1. Lettre de Vincent à Octave Maus, 20 novembre 1889, citée par John REWALD, in *Le Post-impressionnisme*, *op. cit.*
2. Lettre de Theo à Vincent, 22 janvier 1890, T 25.

La veille du vernissage, une toile de Vincent fit scandale : le peintre Henry De Groux s'offusqua de « l'exécrable vase de tournesols commis par monsieur Vincent ou tout autre agent provocateur ». Tout le monde entendit parler alors de ce Hollandais inconnu. Toulouse-Lautrec, ulcéré de voir son ami insulté sans même pouvoir se défendre, provoqua De Groux en duel. Ce dernier fut alors expulsé du groupe et le duel n'eut pas lieu.

Albert Aurier, jeune écrivain et journaliste, ami d'Émile Bernard, qui a découvert les œuvres de Vincent dans l'appartement de Theo, écrit en janvier dans le premier numéro du *Mercure de France*, revue littéraire et artistique : « Ce qui particularise son œuvre entière, c'est l'excès, l'excès en la force, l'excès en la nervosité, la violence en l'expression. Dans sa catégorique affirmation du caractère des choses, dans sa souvent téméraire simplification des formes, dans son insolence à fixer le soleil en face à face, dans la fougue de son dessin et de sa couleur, jusque dans les moindres particularités de sa technique, se révèle un puissant, un mâle, un oseur, très brutal et parfois ingénument délicat [1]. » L'article, long et emphatique, détaille la technique du peintre et occulte sa vie privée. C'est la première fois qu'un critique d'art se penche sur l'œuvre de Vincent. Theo, ravi de ce papier, l'envoie à son frère avec ses compliments.

Entre temps, un événement bouleverse la vie de Theo : la naissance de son fils. Un autre Vincent. Le

1. Albert AURIER, « Les isolés, Vincent van Gogh », *Mercure de France*, Paris, janvier 1890.

31 janvier 1890, il prend affectueusement par écrit des nouvelles de son frère, malade, et ajoute : « C'est le seul nuage dans notre bonheur (ta rechute) car, mon cher frère, le mauvais moment pour Jo est passé. Elle a mis au monde un beau petit garçon qui crie beaucoup, mais qui a l'air d'être bien portant. Ma pauvre petite femme a beaucoup souffert parce que les eaux étaient venues trop tôt, mais heureusement nous avions un médecin excellent qui avait une patience extraordinaire car tout autre à sa place aurait certainement employé les fers. Jo se porte très bien et n'a pas encore eu de fièvre, mais cela pourrait bien venir encore. L'enfant commence déjà à bien crier. Comme je serais heureux si d'ici quelques temps, quand Jo sera guérie tu pouvais venir nous voir et voir notre petit. Comme nous te l'avions dit : nous l'appellerons comme toi et je fais le vœu qu'il puisse être aussi persévérant et aussi courageux que toi [1]. »

L'acte de naissance stipule que Vincent Willem van Gogh est né le 31 janvier 1890, à trois heures du matin, au 8, cité Pigalle. Theo le déclare le 1er février, à dix heures trente, à la mairie du XVIIIe arrondissement, en présence de deux témoins : Dries et Aimé Fouache, un autre ami de Theo, négociant.

Après de sincères et touchantes félicitations, Vincent insiste : « Maintenant, pour le petit, pourquoi donc ne l'appelez-vous pas Theo en mémoire de notre père ; à moi, certes, cela me ferait tant de plaisir [2]. » La lettre arrive trop tard, alors que le prénom du bébé est déjà officiel à l'état-civil.

1. Lettre de Theo à Vincent, 31 janvier 1890, T 27.
2. Lettre de Vincent à Theo, 31 janvier 1890, 599 F.

La nuit précédant son accouchement, Jo, se croyant mourante, a ouvert son cœur à Vincent : « Mais jusqu'à présent tout est allé bien, je tiendrai courage. Ce soir, comme tous les jours qui viennent de passer, je me suis souvent demandé si réellement j'ai pu faire quelque chose pour rendre Theo heureux dans son mariage. Il me l'a rendu lui. Il a été si bon pour moi, si bon si cela ne finit pas bien, si je dois le quitter, dis-lui, car il n'y a personne au monde qu'il aime tant, que je ne lui permettrais jamais de regretter que nous nous soyons mariés, car il m'a rendue si heureuse. Cela a l'air bien trop sentimental, un pareil message, mais je ne peux pas le lui dire à ce moment, la moitié de ma compagnie est allée dormir un peu car il était si fatigué [1]. »

En effet, Wil et la mère de Jo assistent la future maman, tandis que le médecin se repose dans la pièce voisine. Lorsque, dans la matinée, ce dernier déclare que l'enfant est né en bonne santé, la famille se retrouve, lisant l'élogieux article d'Albert Aurier. Enfin, elle croit le bonheur accessible.

Joie supplémentaire, Theo réussit à vendre une toile de Vincent : Anna Boch, l'artiste peintre, sœur d'Eugène Boch, tous deux exposants aux XX de Bruxelles, lui achète *La Vigne rouge* pour quatre cents francs belges. Généreusement, il met cette somme à la disposition de son frère, qui annonce cette étape importante à sa mère avec la surexcitation d'un enfant.

Au mois de mars, Jo et Theo se rendent au salon des Indépendants où Vincent expose de nouveau. Le président Carnot y effectue une visite, lors du vernissage.

---

1. Lettre de Jo à Vincent, 30 janvier 1890, T 26.

Theo raconte à son frère : « Il y en a beaucoup qui sont venus pour me prier de te faire des compliments. Gauguin disait que tes tableaux sont le clou de l'exposition [1] » ; « Pisssarro, qui y allait tous les jours, me dit que tu as un vrai succès parmi les artistes [2] » et « Monet a dit que tes tableaux étaient les meilleurs de l'exposition [3] ».

Des compliments qui vont droit au cœur des deux frères !

De nouveau, la famille envisage de voir Vincent revenir vers Paris ou ses environs. Ses proches s'inquiètent, car il est une fois de plus affaibli par des crises. Theo lui écrit une curieuse lettre à la fois compatissante et ostensiblement heureuse, révélatrice de son dilemme, Vincent ou Jo : « Ton silence nous prouve que tu souffres toujours, et j'ai besoin de te dire, mon cher frère, que Jo et moi nous souffrons aussi te sachant toujours malade. (...) Tu sentiras qu'il pourra te faire du bien de causer avec moi, tu me feras signe et j'accours tout de suite. La semaine dernière, c'est déjà un an que je suis marié. Comme le temps passe vite. Nous avons toute raison d'être satisfaits de cette année. Je n'oublie pas que tu as insisté pour que je me marie et tu as vu juste, car je me sens bien plus heureux. C'est vrai que ma chère femme n'est pas tout le monde et que j'ai eu une chance énorme en la trouvant. Nous nous entendons très bien et notre intérieur est très agréable. Le petit donne à Jo surtout beaucoup de travail, mais il pousse étonnamment. Il est de nature nerveuse, mais très doux [4]. » Et pour clore ce

1. Lettre de Theo à Vincent, 19 mars 1890, T 29.
2. Lettre de Theo à Vincent, 29 mars 1890, T 31.
3. Lettre de Theo à Vincent, 23 avril 1890, T 32.
4. *Ibid.*

tableau idyllique, Theo ajoute dans son courrier suivant : « Si tu as besoin de quelque chose, dis-le. Les affaires marchent bien et j'ai tout ce qu'il faut [1]. »

Hélas, ce dont Vincent a désespérément besoin, Theo ne peut le lui donner. Vincent le lui a crié des années auparavant : « Tu ne peux me procurer une femme, tu ne peux me procurer un enfant, tu ne peux me procurer du travail, mais de l'argent, oui [2] ! »

La situation n'a pas changé pour Vincent, alors que Theo possède désormais tout cela.

Pour préparer sa venue à Auvers, Theo lui écrit « Je suis très heureux de pouvoir te dire que j'ai rencontré le Dr Gachet, ce médecin dont Pissarro m'avait parlé. Il a l'air d'un homme qui comprend bien les choses. Il te ressemble un peu, comme physique. (...) Il me disait, quand je lui racontais comment se produisaient tes crises, qu'il ne croyait pas que cela avait quelque chose à faire avec la folie et que si c'était ce qu'il croyait, il répondait qu'il te guérirait [3]. » Theo espère avoir trouvé une bonne solution pour l'avenir de son frère. Vincent peut préparer son voyage.

Le 17 mai 1890, au matin, Theo prend un fiacre pour aller accueillir son frère à la gare de Lyon. Il n'a pas fermé l'œil de la nuit, anxieux quant au voyage que son frère voulait faire seul. Jo attend, impatiente à sa fenêtre. Le soleil printanier réchauffe les pavés de la petite impasse. Le temps passe et les deux frères n'arrivent toujours pas.

1. Lettre de Theo à Vincent, 3 mai 1890, T 33.
2. Lettre de Vincent à Theo, fin février 1884, 358 N.
3. Lettre de Theo à Vincent, 29 mars 1890, T 31.

Serait-il arrivé un malheur à Vincent ? Une nouvelle crise ? Jo va rencontrer son beau-frère pour la première fois. Cette perpective l'enchante et l'impressionne à la fois. Quel soulagement pour elle quand les deux frères arrivent enfin ! Mais quelle surprise aussi : Vincent paraît tellement plus fort que Theo – malingre et voûté par la fatigue – tellement plus hâlé que son frère, si pâle. « Il a l'air en parfaite santé, et tellement plus solide que Theo », pense-t-elle.

Les présentations faites, Theo conduit Vincent dans la chambre du bébé. Ensemble, ils se penchent sur le berceau. De douces larmes noient leurs yeux fatigués. Jo, émue, assiste à la scène, puis Vincent se retourne vers elle, et lui recommande : « Ne le couvre pas trop de dentelles, petite sœur. »

Pendant trois jours, ils partagent les joies de la vie de famille puis Vincent, mal à l'aise dans l'agitation de la ville, gagne plus tôt que prévu le petit village d'Auvers-sur-Oise. Le docteur Gachet le reçoit, sur place, dans son cabinet et non dans sa clinique du faubourg Saint-Denis. Le médecin va traiter le peintre en ami.

Chapitre 6

Une destinée tragique (mai 1890 – janvier 1891)

Le bonheur est-il possible ?

Il plane comme un parfum de bonheur sur la famille Van Gogh. Theo se sent rassuré quant à l'avenir de son foyer. Surtout, il croit au rétablissement de son frère. Auvers-sur-Oise plaît à Vincent. L'endroit est calme et agréable. Ce petit village à flanc de coteau a séduit tant de peintres avant lui. Daubigny s'y installa en 1860 et reçut régulièrement Daumier et Corot dans cette paisible campagne. Puis, s'y succédèrent Renoir, Monet, Pissarro et Cézanne, qui peignit son célèbre tableau *La Maison du Pendu*. Tous fréquentèrent le docteur Paul-Ferdinand Gachet, un personnage excentrique et passionné d'art. Les habitants du village le considèrent comme un original ; il est vrai que le voir déambuler dans les rues en compagnie de sa chèvre Henriette a vraiment de quoi surprendre. C'est pourtant entre ses mains que Theo remet le sort de Vincent : « Pour le moment, il [Vincent] va tout à fait bien. Vous me rendriez un grand service si vous vouliez être assez gentil pour vous occuper de lui [1]. » Tel est le billet écrit par Theo que Vincent remet au médecin, lors de leur première entrevue.

Après avoir ausculté Vincent, le docteur Gachet le tranquillise sur son état de santé et ne lui prescrit aucun médicament. Le meilleur remède est de ne plus penser à la maladie, de peindre et de manger sainement [2]. Les deux hommes, malgré leurs différences, vont s'apprécier mutuellement, d'autant plus qu'ils partagent une même passion : celle de l'art. Le docteur Gachet encourage Vincent, le stimule, car il s'intéresse à son travail. Il l'invite souvent le dimanche à des déjeuners que Vincent juge trop plantureux, lui qui s'est contenté, pendant des années, de repas frugaux. Très vite, Vincent se remet à la peinture ; il exécutera un portrait du docteur, ainsi que celui de sa fille Marguerite, alors âgée de dix-huit ans.

Vincent adopte un genre de vie très simple, rythmée par son travail. Il se lève tôt, peint toute la journée et prend ses repas à l'auberge Ravoux, où il loge. Alors que Vincent retrouve un certain équilibre, Theo, pendant la même période, s'active à la galerie. Il est très occupé par l'organisation de l'exposition du peintre Raffaëlli, qui connaîtra un franc succès. La galerie reste ouverte jusqu'à dix heures du soir [3]. « L'exposition Raffaëlli attire beaucoup de monde et on y vend beaucoup [4]. » Même si Theo préfère celle qu'il avait consacrée à Camille Pissarro, il n'est pas moins satisfait de celle-ci. Le docteur Gachet lui rend visite, le 4 juin, à la galerie, et lui donne des

1. Paul GACHET, *Deux amis des impressionnistes, le Dr Gachet et Mürer*, Paris, Éditions des Musées nationaux, 1956, p. 110.

2. *Ibid.*, p. 111.

3. Lettre de Theo à Vincent, 2 juin 1890, T 35.

4. Lettre inédite de Theo à Wil, 2 juin 1890, b0931V/1962. Fondation Vincent van Gogh.

nouvelles de Vincent. Il lui affirme que son frère se porte beaucoup mieux et qu'il croit qu'il est tout à fait guéri. C'est un soulagement pour Theo, qui voit alors les difficultés s'estomper. La vie lui sourit enfin. En le quittant, le docteur lui propose de venir avec sa femme et son petit Vincent déjeuner chez lui le dimanche suivant [1].

Le 8 juin, comme convenu, la famille descend à la gare de Chaponval où Vincent l'attend. Ce dernier, radieux, est réellement heureux de les revoir. En guise de cadeau, il apporte à son filleul un nid d'oiseau, symbole du foyer. Il tient absolument à porter le bébé dans ses bras [2]. Cette journée s'annonce magnifique. Tous ensemble, sous les arbres, ils déjeunent chez le docteur Gachet, dans la bonne humeur et la gaieté. Une agréable atmosphère, détendue, règne le temps d'un dimanche ensoleillé. Une journée d'insouciance comme les Van Gogh n'en avaient pas vécue depuis des années. Vincent se montre plein d'attentions envers son neveu. Il veut lui faire découvrir les animaux qui vivent en liberté dans le jardin et rit de voir le petit – son homonyme – effrayé par le chant du coq. Le peintre foisonne de projets et exprime en particulier son envie d'exposer une nouvelle fois dans un café parisien.

Après le déjeuner, les Van Gogh se promènent dans la campagne environnante. Les deux frères parlent de tout, des futures vacances qui pourraient se passer à Auvers. Si Theo aspire à se reposer dans ce village, comme le lui demande instamment Vincent dans ses lettres, depuis

1. Lettre de Theo à Vincent, 5 juin 1890, T 36.

2. Johanna VAN GOGH-BONGER, *Verzamelde Brieven van Vincent van Gogh*, *op. cit.*, vol. I, p. 51.

quelque temps [1], il doit aussi rendre visite à sa famille et à celle de sa femme, en Hollande. Pour l'instant, il ne s'agit que d'un projet, Theo devrait alors prendre trois semaines de congé, ce qu'il n'est pas certain d'obtenir. Bien que, dans ses souvenirs, Adeline Carrié – la fille des aubergistes – rapporte qu'elle rencontre pour la première fois Theo, le 28 juillet 1890 [2], il est impensable qu'il ne se soit pas rendu à l'auberge, ce 8 juin, ne serait-ce que pour voir les nouveaux travaux de son frère – environ une quinzaine de toiles, depuis son arrivée, le 20 mai – entreposées dans la mansarde monacale de Vincent ou dans l'arrière-salle. Les deux frères évoquent alors la possibilité de louer une petite maison, dans laquelle Vincent pourrait loger ses meubles laissés à Arles, et surtout réaliser son rêve de créer une communauté d'artistes.

Ce dimanche à la campagne est un moment de bonheur pour tous les deux. Voir son frère rétabli et en pleine créativité réjouit Theo. Il promet de revenir bientôt. Annie Bonger écrit à ses beaux-parents : « Net (Johanna) et Theo sont allés à Auvers où ils ont rencontré Vincent en excellente forme. De ce côté, Theo a été libéré pour le moment d'un gros souci [3]. »

Une existence marquée par les soucis

Alors que les ennuis de Theo s'atténuent du côté de son frère, une nouvelle inquiétude surgit : le petit

---

1. Lettre de Theo à Vincent, 2 juin 1890, T 35.

2. Adeline CARRIÉ, *Les souvenirs d'Adeline Ravoux sur le séjour de Vincent van Gogh à Auvers-sur-Oise*. Les *Cahiers de Van Gogh*, n° 1, Genève, Éditions Pierre Cailler, 1956, p. 7-17.

3. Henk BONGER, *Un Amstellodamois à Paris*, Amsterdam, Liber Amicorum Karel G. Boon, Sweets & Zeitlinger BV, 1974, p. 69.

Vincent tombe subitement malade. « Après une nuit agitée, écrit Theo à sa mère et Wil, il [le bébé] s'est endormi vers neuf heures et s'est réveillé à onze heures, au moment où le médecin se trouvait chez nous. Il [le médecin] nous a dit : "Vous ne perdrez pas votre enfant à cause de ce problème de santé." Aujourd'hui, cela allait mieux[1]. »

Les malaises de l'enfant viennent probablement d'un lait de vache contaminé, malsain. Le médecin prescrit de le remplacer par du lait d'ânesse… Le petit Vincent se rétablit. Theo s'angoisse à l'idée que son enfant ait hérité de la mauvaise santé des Van Gogh. Encore bouleversé par ces pénibles journées, il s'épanche sur le papier et adresse à Vincent un long et déchirant épître, qui commence par un inhabituel « Mon très cher frère,[2] » Bien que la guérison de son fils soit certaine, il dévoile à son frère que cette épreuve l'a profondément marqué : « (…) non jamais tu n'as entendu quelque chose de si douloureux que cette plainte presque continuelle durant plusieurs jours et plusieurs nuits et que l'on ne sait pas quoi faire et que tout ce que l'on fait a l'air d'aggraver son mal ».

Espérant, compte tenu de l'amélioration très nette de la santé de Vincent, qu'il trouvera auprès de lui une aide secourable, Theo, sans ménagement, expose tous ses soucis, dans un style exalté et excessif que l'on ne retrouve dans aucune de ses autres lettres. Curieusement, le ton de cette missive ressemble à celui de Vincent : aussi emporté, aussi fort, ardent et intense. Ses

1. Lettre inédite de Theo à Moe et Wil, 29 juin 1890, b0932V/1962. Fondation Vincent van Gogh.
2. Lettre de Theo à Vincent, 30 juin 1890, T 39.

continuels ennuis de santé, ajoutés au souci de la maladie du bébé, expliqueraient cette longue confession[1]. Il confie tous ses tracas avec ses employeurs, alors qu'il les avait cachés à Vincent pour l'épargner, se plaint de la façon dont le traitent Boussod et Valadon. Il continue de souffrir du peu de considération que lui témoignent ses patrons, qui semblent toujours le juger comme un débutant dans la partie. Theo s'emporte, emploie des mots très violents : « Ces rats de Boussod et Valadon ». Il s'insurge contre le maigre salaire qu'il reçoit, alors qu'il a de plus en plus besoin d'argent. Et, au comble de sa rancœur, il échafaude pour la énième fois ce vieux rêve de donner sa démission, de voler de ses propres ailes et d'ouvrir enfin « sa » galerie. Tant pis pour les conséquences. À quoi bon se priver constamment ? « Je crois que j'arrive en t'écrivant à cette conclusion que c'est mon devoir et que si Moe, ou Jo et moi nous nous serrons un peu le ventre, cela ne nous avancerait à rien et qu'au contraire, toi et moi en nous remuant dans le monde en pauvres bougres qui ne mangent pas, mais au contraire, en tenant bon courage et en vivant tous soutenu *(sic)* par notre amour mutuel et notre estime mutuel *(sic)*, nous irons bien plus loin et nous accomplirons nos devoirs et notre tâche avec bien plus de sécurité qu'en pesant chaque bouchée de pain[2]. »

Et d'évoquer poétiquement les paysages de leur enfance, les associant non seulement à des jours heureux, mais encore à des valeurs essentielles, telle la beauté de la nature : « Nous tirerons la charrue jusqu'à ce que cela ne

---

1. G. Krauz, *Les liens entre Theo et Vincent van Gogh*, Amsterdam, Fondation Kröller-Muller et J. M. Meulenhoff, 1954, p. 31.

2. Lettre de Theo à Vincent, 30 juin 1890, T 39, p. 294.

marche plus et nous regarderons encore avec admiration le soleil ou la lune selon l'heure. Nous aimons mieux cela que d'être mis dans un fauteuil à se frotter les jambes comme le vieux marchand, à Auvers. Dis, vieux, fais tout pour ta santé, moi aussi j'en ferai autant, nous avons trop dans la caboche pour que nous oublions *(sic)* les pâquerettes et les mottes de terre fraîchement remuées et les branches des buissons qui germent au printemps ni les branches d'arbres dénudées qui frissonnent en hiver, ni les ciels sereins, bleus, limpides, ni les gros nuages de l'automne ni ciel gris uniforme en hiver, ni le soleil comme il se levait au-dessus du jardin des Tantes, ni le soleil rouge se couchant dans la mer à Scheveningen, ni la lune et les étoiles, une belle nuit d'été ou d'hiver, non arrive ce qui arrive, voilà notre profession [1]. » On sent un homme fatigué de se battre, de plus en plus affaibli par la maladie qui le ronge. Un homme si las de cette vie que la seule solution serait de tout quitter. Un être qui n'a plus du tout confiance en lui, qui se trouve pitoyable et qui se demande s'il saura se montrer capable d'élever son fils. Son unique salut est son épouse : « Toi, tu as trouvé ton chemin, vieux frère, ta voiture est déjà calée et solide, et moi j'entrevois mon chemin grâce à ma femme chérie. »

Il demande aussi à Vincent de se modérer : « Toi, calme-toi, et retiens ton cheval pour qu'il n'arrive pas d'accident, et moi un coup de fouet de temps en temps ne me fait pas mal. » Parfois, par peur de l'affoler, Theo tempère ses emportements. Il lui parle alors le langage du cœur en soulignant qu'il ne doit plus se tourmenter. L'important : rester en bonne santé et continuer à

1. Lettre de Theo à Vincent, 30 juin 1890, T 39.

peindre de façon si admirable. Cette santé, défaillante depuis des années dans le cas de Theo.

Soudainement, après tant d'années, les rôles semblent se renverser : Theo redevient, le temps d'une confidence, le cadet qu'il aurait dû toujours rester et qu'il était jusqu'à ce qu'il prenne en main la destinée de Vincent.

C'est à l'aîné qu'il pose ses questions sur des sujets divers comme les vacances, le déménagement dans un appartement plus grand ou, bien entendu, l'éventuel départ de la maison Goupil. C'est à l'aîné qu'il demande des conseils sur la voie à emprunter : « Qu'en dis-tu mon vieux ? » Oui, qu'en dit-il ? Inévitablement, Vincent compatit aux drames que vit son frère. Lui aussi s'inquiète pour son filleul ; il soutient Theo dans sa lutte contre ses employeurs et désire même venir le voir. Puis, il se ravise sur-le-champ. Un sentiment d'impuissance l'envahit, l'empêchant d'agir. Sa présence pense-t-il, risquerait de gêner son frère et sa femme [1]. Vincent se considère plus comme un fardeau que comme un soutien efficace. Il se sent coupable d'être une charge dans la vie de Theo. La teneur de la lettre de son frère le déstabilise : bien qu'il soit sur la voie de la guérison, il n'est pas aussi bien que se l'imagine Theo.

Les semaines passées à Auvers lui ont permis de retrouver un certain calme intérieur ; pourtant, cette missive remet tout en cause. Si, par malheur, Theo ne pouvait plus le soutenir, il faudrait qu'il arrête son propre travail. Que peut répondre Vincent – lui qui vit seulement grâce à la pension allouée par son frère – quand Theo lui demande son avis sur sa situation professionnelle ? Bien entendu, il comprend la détresse de son

1. Lettre de Vincent à Theo et Jo, juin 1980, 646 F.

frère. Mais les mots ne surgissent pas facilement pour la réponse. Qu'écrire, d'ailleurs ? Vincent restera évasif : « Ce sera comme ce sera, tu ne t'es pas épargné du mal pour eux, tu leur as servi avec une fidélité exemplaire tout le temps [1]. » Il est loin le temps où Vincent suppliait Theo de tout quitter pour venir le rejoindre dans la Drenthe et devenir peintre. Aujourd'hui, sa crainte est de voir Theo prendre la décision de partir de la galerie. « S'est-il [Vincent] rendu compte, analyse le docteur Krauz, que son psychiatre était en train de devenir son patient (...) Les côtés matériels et spirituels de la symbiose se trouvaient plus que jamais en péril [2]. » Les bases du tandem Theo-Vincent vacillent et s'effritent.

Un dimanche crucial

Dans une lettre datée du 5 juillet [3], Theo – dans l'impossibilité de se déplacer à Auvers en raison de son travail et de sa vie de famille – propose de nouveau à Vincent de venir à Paris. Maintenant que son enfant se rétablit grâce au lait d'ânesse, Theo ne voit pas d'objection à inviter son frère le dimanche. Il lui soumet même un emploi du temps : aller chez Tanguy pour rencontrer Walpone Book, peintre qui a côtoyé Vincent à Auvers et qui désire voir ses tableaux ; se rendre chez un brocanteur pour admirer un bouddha japonais... Bien entendu, déjeuner cité Pigalle.

1. Lettre de Vincent à Theo et Jo, juin 1980, 646 F.
2. G. Krauz, *op. cit.*, p. 32.
3. Lettre de Theo à Vincent, 5 juillet 1890, T 40.

Le dimanche 6 juillet, Vincent – qui n'était pas revenu à Paris depuis son départ pour Auvers – arrive dans la capitale par le premier train du matin. La matinée se déroule comme prévu. Chez Tanguy, Vincent proteste quand il voit où sont entreposées ses toiles, « un trou à punaises [1] ». De là, ils vont ensemble chez le brocanteur. Puis, Vincent rencontre probablement Toulouse-Lautrec dans son atelier du 27, rue Caulaincourt. Il y admire le tableau *Mademoiselle Dihau au piano* que Theo avait remarqué au salon des Indépendants. Lautrec, également invité pour le déjeuner, les accompagne au domicile des Van Gogh. À l'occasion de la visite de son frère, Theo a convié quelques amis, notamment, le critique d'art Albert Aurier, dont on se rappelle le remarquable papier sur Vincent, au début de l'année.

Ces divers échanges sont agréables pour Vincent. Cependant, soucieux et perturbé, il décide de repartir le même soir pour Auvers, sans attendre son ami Guillaumin. Un départ qui ressemble à une fuite, alors qu'il était invité pour plusieurs jours.

Il est vrai qu'il règne, dans l'appartement parisien, une tension extrême que rien n'atténue, même pas la bonne humeur légendaire de Toulouse-Lautrec. Theo et Jo s'avouent fatigués, éprouvés physiquement et moralement par la récente maladie de leur jeune enfant. L'anxiété qu'ils éprouvent les rend moins disponibles, plus irritables et moins à l'écoute de Vincent. Theo a mauvaise mine : ses ennuis de santé persistent et se lisent sur son visage.

La journée est ponctuée par quelques incidents : d'abord une discussion animée entre le couple Bonger et

1. Lettre de Vincent à Theo et Jo, juillet 1890, 648 F.

les époux Van Gogh, à propos de l'appartement du rez-de-chaussée dans le même immeuble. Theo aimerait que son beau-frère s'y installe. Mais Annie hésite ; elle ne s'entend pas avec le couple Van Gogh et craint étrangement d'avoir à leur servir de bonne [1]. Puis un désaccord survient entre Jo et Vincent à propos de l'accrochage d'un tableau de Benoît Louis Prevost [2]. Vincent critique aussi le manque de place au domicile de son frère pour présenter ses tableaux. De nouveau, on évoque la possibilité de déménager pour un appartement plus vaste. Plus grand, donc plus cher. Et l'heure n'est pas aux dépenses. Pourtant, dans la lettre du 5 juillet, Theo paraissait plus optimiste, confiant et serein, comme si ses peurs s'étaient miraculeusement envolées. Il mettait en avant son succès dans les affaires par des ventes importantes pour la galerie et s'enthousiasmait d'avoir vendu deux toiles de Gauguin [3].

La réalité démontre le contraire. Après la missive désespérée du 30 juin, Theo s'est certainement rendu compte qu'il devait toujours ménager son frère, encore tellement émotif et fragile. Dans ce nouveau courrier, il dédramatise donc la situation, masquant ainsi en partie la vérité. En réalité, aucun changement positif n'est survenu avec ses employeurs depuis une semaine. Son

---

1. Lettre de Theo à Vincent, 14 juillet 1890, T 41.

2. Lettre de Theo à Vincent, 22 juillet 1890, publiée dans *Der Spiegel* du 22 janvier 1990.

3. Lettre de Paul Gauguin à Theo, 7 juillet 1890, GAC 25 ; *in* Douglas COOPER, *Paul Gauguin : quarante-cinq lettres à Vincent, Theo et Jo van Gogh*, Amsterdam, collection Rijksmuseum Vincent van Gogh, 1983. Theo a vendu à Eugène Blot, marchand de tableaux parisien, une toile intitulée *Chien courant dans l'herbe*, pour deux cents francs ; cent cinquante francs revenant au peintre. Toile non identifiée.

éternel dilemme le préoccupe : rester ou quitter la maison Goupil. Cet épineux sujet alimente la plupart des conversations après le départ des invités, tout comme la question d'argent qui revient sans cesse. Avec ce qu'il gagne, Theo a de plus en plus de mal à maîtriser son budget. La seule solution, pour faire vivre décemment son foyer, son frère et les autres membres de sa famille, est d'obtenir une augmentation. Que ses employeurs refusent avec constance…

Cette situation a déclenché une violente dispute entre les deux époux. Jo s'insurge contre le départ de son mari de la galerie. A-t-elle, sous l'emprise de la colère, fait des reproches à son beau-frère ? Par exemple, insinué qu'il est un fardeau trop lourd à porter pour Theo ? Ils ne sont pas d'accord sur la décision à prendre. Cette tension affecte profondément Vincent. En quittant Paris, il ignore son sort à venir. Son frère ne lui a pas dit clairement s'il recevrait dorénavant les habituels cent cinquante francs mensuels.

Sans cette somme, Vincent ne peut plus se consacrer à son œuvre. Jo, se sentant coupable, répond aux lettres angoissées de Vincent [1]. Elle le réconforte et le rassure – par un courrier qui n'a pas été conservé – sur son avenir, leur avenir commun.

Ce dimanche 6 juillet représente une nouvelle étape dans la relation des deux frères. Leur lien se fissure. Les soucis auxquels Theo fait face, tant bien que mal, bouleversent Vincent. Il voit bien que le manque d'argent, les difficultés le minent. Leur existence à tous dépend de Theo. Theo, un homme fragile et souffrant.

1. Lettre de Vincent à Jo et Theo, juillet 1890, 649 F.

Un voyage éclair en Hollande

Au cours de ce fameux dimanche, Theo et Jo ont informé Vincent de leur projet d'aller en Hollande pour les vacances d'été. Il désirent présenter le bébé de six mois à leurs familles respectives. L'idée de passer quelques jours à Auvers est écartée. Pour Vincent, la déception est immense. Lui, qui avait tant espéré qu'ils se retrouveraient tous ensemble dans cette campagne saine et calme, loin de l'agitation de la capitale, se sent abandonné par l'être le plus proche de lui. Voire trahi.

Il insiste alors pour que Theo et Jo reviennent sur leur décision. Maladroit, il souligne le montant des dépenses d'un tel voyage, tout en mettant en valeur l'air salvateur de la région pour le rétablissement total de son filleul.

Rien n'y fait. Theo ne change pas de projet ; comme tout mari amoureux et prévenant, il se range aux raisons de sa femme. Puisque Jo se sent faible, il espère qu'elle récupérera rapidement au contact de l'affection de sa famille. En revanche, pour Theo, ce voyage ne ressemble aucunement à des vacances. Il accompagnera femme et enfant, en profitera pour régler quelques affaires professionnelles. Avant de partir pour la Hollande, il donne de ses nouvelles à Vincent, se voulant rassurant pour minimiser les problèmes en suspens : « Le danger n'est pas si grave que tu le pensais [1]. » Il souligne que l'essentiel dans la vie c'est d'être en bonne santé. On comprend que, souffrant d'une faible constitution, il insiste encore sur ce point. Toutefois, il ne précise rien au sujet des problèmes matériels, laissant Vincent dans le doute. C'est que Theo, lui aussi, vit dans l'incertitude. Il a bien

1. Lettre de Theo à Vincent, 14 juillet 1890, T 41.

eu le courage d'affronter messieurs Boussod et Valadon pour leur exposer qu'il mérite une augmentation. Il leur a même lancé un ultimatum le 7 juillet : si ses employeurs refusent ses conditions, il démissionnera. Il n'obtient rien en retour, que leur silence. Il écrit à Vincent : « Bien que les huit jours soient écoulés, ces messieurs n'ont encore rien dit de ce qu'ils comptent faire de moi [1]. » Il ajoute un billet de cinquante francs à sa lettre.

Sans s'en rendre compte, il laisse à Auvers un frère tourmenté, en perte d'équilibre, luttant contre ses démons et peignant avec frénésie jusqu'à l'épuisement. Il exécute notamment deux grandes toiles : *Champ sous un ciel orageux* et *Champ de blé aux corbeaux*.

Le 15 juillet, Theo part pour la Hollande sans avoir rencontré, comme il était convenu, avec Valadon, Monet à Giverny ; le peintre a reporté le rendez-vous au mois suivant. Il rend une rapide visite à sa famille, qui vit désormais à Leyde. Cependant, revoir sa mère et Wil, même pour si peu de temps, « lui réchauffe le cœur [2] ». Moe s'attendrit à la vue du petit Vincent. Très vite, il faut quitter cette vieille mère, au visage ridé, qu'il embrasse tendrement.

Son emploi du temps est très chargé pour quelqu'un d'aussi fatigué et malade. Finalement, il ne va pas à La Haye retrouver le peintre Hendrik Willem Mesdag, qui vient d'acheter une toile de Corot, *Sources dans les dunes*. Il quitte Leyde [3] le jeudi 17, laissant femme et enfant,

1. *Ibid.*

2. Lettre inédite de Theo à Moe, 22 juillet 1890, b0933V/1962. Fondation Vincent van Gogh

3. Lettre de Theo à Vincent, 22 juillet 1890. *Der Spiegel*, 22 janvier 1990.

pour se rendre à Anvers où il rejoint M. Clarembaux – un marchand bruxellois – dans le but de vendre un tableau de Diaz.

On les voit déambuler ensemble dans les rues de la ville à la recherche d'un collectionneur potentiel. Le soir, ils rentrent, exténués, à Bruxelles, sans avoir conclu la moindre transaction. Le lendemain, il envoie, depuis l'hôtel Mengelle, une missive à Jo, racontant ses faits et gestes depuis leur séparation. Mélancolique, il écrit : « Vous [Jo et le petit Vincent] n'avez pas quitté mon esprit. Je ne sais toujours pas comment m'habituer à ne pas vous voir pendant quelque temps [1]. » La négociation concernant le Diaz ayant échoué, il avance son retour pour Paris, prévu initialement pour le 20 juillet. Theo se retrouve plongé, comme il le dit lui-même, dans ce « bazar parisien », dès le 19.

Seul à Paris

C'est la première fois depuis leur mariage que Theo et Jo sont séparés l'un de l'autre. Leur correspondance révèle des sentiments de jeunes amoureux. Ils s'envoient des petits mots presque tous les jours, se couvrant de centaines de baisers. L'éloignement leur est difficilement supportable. Jo lui écrit : « Mon cher, cher petit homme, comme je serais ravie si tu venais très vite près de moi. Et alors, tu ne me quitterais plus jamais. » Elle ajoute : « Maintenant, je sens que le mariage est quelque chose

1. Lettre inédite de Theo à Jo, 18 juillet 1890, b2056V/1982. Fondation Vincent van Gogh.

de sanctifié et d'éternel. Et je sens alors que l'on peut devenir lié l'un à l'autre si intimement[1]. »

Tout seul dans la capitale, Theo supporte mal l'appartement déserté, qu'il trouve froid et sans âme, la présence bienfaisante de sa femme et de son fils lui faisant cruellement défaut : « Oui, chérie, tu me manques et cela me pèse également. Une centaine de fois par jour, je te vois avec le garçon devant mes yeux. C'est vrai que lorsque l'on est séparé, on ressent d'autant plus ce que l'on est l'un pour l'autre. Et de savoir qu'il existe l'amour, cela est une chose incassable[2]. » Ou encore, lorsque Jo le taquine sur sa prétendue liberté recouvrée, Theo répond par des mots sans équivoque : « Que penses-tu de moi ? Je ne me sens vraiment nulle part à ma place quand tu n'es pas là, car je vois que tu me manques tant. Et ce fort sentiment en moi ne me trompe pas[3]. » Bien entendu, la santé de leur enfant est au cœur de leurs préoccupations. Jo décrit avec force détails le comportement du petit Vincent, rassure son mari en soulignant que le bébé devient plus fort, mieux portant. Il n'y a plus rien à craindre pour sa santé ; le pire est derrière eux. Theo se sent rasséréné au moins sur ce point-là. En revanche, qu'en est-il de sa situation professionnelle ? Il n'a aucune nouvelle de ses patrons.

Revenu à Paris, il se rend rue Chaptal (au siège social de la firme), où il trouve les Boussod, père et fils, devisant sur le commerce de l'art devant des tableaux.

---

1. Lettre inédite de Jo à Theo, Amsterdam, 21 juillet 1890, b2061V/1982. Fondation Vincent van Gogh.

2. Lettre inédite de Theo à Jo, 24 juillet 1890, b2062V/1982. Fondation Vincent van Gogh

3. Lettre inédite de Theo à Jo, 24 juillet 1890, b2062V/1982. Fondation Vincent van Gogh.

Comme ni l'un ni l'autre n'aborde le sujet qui le préoccupe, Theo, bravant sa peur, prend les devants et explique à Étienne Boussod qu'il a longuement réfléchi à sa situation : il désire rester dans la firme quoiqu'il advienne. Il ajoute : « Je suis arrivé à la conviction que c'était plus sage. Si vous ne pensez pas que je mérite une augmentation, je m'arrangerais pour arriver à tenir le budget[1]. » Son employeur répond qu'il n'y voit aucune objection. Theo est un marchand d'art avisé, un excellent élément. Le garder à la galerie sans l'augmenter est une réelle chance. Néanmoins, pour montrer sa compréhension, Étienne Boussod lui précise qu'il va essayer de lui « rendre la vie plus facile[2] ». Après cet entretien, son soulagement transparaît dans ses lettres. En Hollande, l'idée de tout abandonner le torturait. Il l'avoue à sa mère : « Revenu ici, c'est clair que c'était trop risqué de lâcher mon métier, ma position, pour aller vers l'inconnu. C'est une affaire trop dangereuse… J'étais désespéré de voir que les choses en étaient arrivées là[3]… » Theo n'ira jamais au bout de son rêve.

Comment blâmer un être qui musèle ses désirs de peur de mettre sa famille en danger ? Depuis son arrivée à Paris, on lui a attribué ce rôle de soutien de famille. Il l'a accepté et l'assume malgré tout ce qui en découle. Dieu sait que cette responsabilité a pesé tant de fois dans ses choix. Conscient de cette réalité, il écrit : « Même si je désire avoir une situation indépendante, je me défends

1. Lettre inédite de Theo à Moe et Wil, 22 juillet 1890, b0933V/1962. Fondation Vincent van Gogh.
2. *Ibid.*
3. *Ibid.*

d'essayer de l'obtenir actuellement. Nous devons attendre de meilleures circonstances [1]. » L'idée de ne plus pouvoir subvenir aux besoins de son foyer ni d'aider financièrement les siens paralyse inévitablement ses décisions. Il s'empresse d'écrire alors à Jo pour lui raconter son entrevue avec ses employeurs [2]. » Il lui annonce donc qu'il ne démissionnera pas de ses fonctions. Toujours sur ses gardes, il précise que rien n'est véritablement définitif et certain. « Dans la rue Chaptal, ils ont fait des affaires colossales, surtout avec Chauchard. Il paraît qu'ils sont tout à fait dans les nuages. Il est question de se défaire des succursales et de tout centraliser rue Chaptal. C'est à y perdre la tête. Mais il est nécessaire d'être prudent, cela c'est sûr [3]. » C'est pourquoi l'idée de déménager pour un appartement plus grand semble compromise. Jo fait montre de compréhension et de sollicitude. « Oh, mon chéri, je regrette tant que tu te fasses des soucis et que tu penses à toutes ces désagréables questions d'argent... Je trouve que tu as tout à fait raison pour le déménagement. Notre petit chez nous est agréable et nous n'avons pas besoin de nous hâter pour partir. C'est beaucoup plus prudent de garder notre argent et de faire moins de dépenses. Vraiment, je ferai de mon mieux [4]. » Malgré tous les tracas des derniers temps, Jo et Theo restent très proches, solidaires dans l'adversité. C'est ensemble qu'ils affronteront

1. Lettre inédite de Theo à Jo, 21 juillet 1890, b2061V/1982. Fondation Vincent van Gogh.

2. *Ibid.*

3. Lettre inédite de Theo à Jo, 26 juillet 1890, b2065V/1982. Fondation Vincent van Gogh.

4. Lettre inédite de Jo à Theo, Amsterdam, 27 juillet 1890, b4242V/1984. Fondation Vincent van Gogh.

les obstacles : « Je ferai tellement de mon mieux pour ne pas être une charge pour toi, mais une aide [1]. » Ne sont-ils pas « Unis pour le meilleur et pour le pire » ? À Paris, Theo retrouve cette tension qui lui déplaît tant. Il travaille comme un forcené à la galerie, espérant faire un bon chiffre d'affaires ; ne serait-ce que pour impressionner ses employeurs. De bonnes ventes pourraient peut-être les pousser à reconsidérer leur position quant à une éventuelle augmentation. Il entreprend même un aller-retour à Bruxelles, le 23 juillet, toujours à propos du tableau de Diaz. Les lettres adressées à Jo permettent d'établir ses faits et gestes : en l'absence de son épouse et pour éviter cette solitude qui lui pèse, il sort souvent le soir, retrouvant la chaleur de ce Montmartre qu'il affectionne. De nouveau, il dîne chez la Mère Bataille, qui l'accueille avec empressement ; il côtoie régulièrement Dries et Annie, soit pour déjeuner, soit pour un pique-nique dans la forêt de Meudon. Leurs dissensions à propos de l'appartement se sont dissipées. Theo connaît le comportement frileux de son meilleur ami, qui se plie souvent aux décisions de sa femme, et l'accepte : « Il est comme ça, et ce n'est pas une raison pour rompre avec lui [2]. »

Souvent, il se rend au Vésinet, à la recherche d'un peu de chaleur et d'amitié, chez M. Franken, banquier et collectionneur, mais surtout beau-frère de l'oncle Cor. Sa vie sociale est bien remplie : déjeuner avec Manzi – un typographe travaillant pour Boussod et Valadon –, théâtre avec l'architecte Velten – apparenté à Hans

1. Lettre inédite de Jo à Theo, Amsterdam, 21 juillet 1890, b2061V/1982. Fondation Vincent van Gogh.

2. Lettre de Theo à Vincent, 22 juillet 1890. *Der Spiegel*, 22 janvier 1990.

Velten, employé chez Obach and Co, marchand de gravures à Londres – une relation d'affaires. Il s'étourdit, court à droite et à gauche, en attendant impatiemment de rejoindre sa femme, dans huit ou dix jours, tout au plus. Il rêve de se reposer auprès d'elle et de son fils, d'échafauder des projets, de récupérer quelques forces. Il ne pressent nullement la terrible nouvelle qui va bouleverser sa vie !

La mort de Vincent

Le lundi 28 juillet, vers neuf heures trente, Theo, stupéfait, voit arriver dans sa galerie le peintre hollandais Anton Hirschig, chargé de veiller sur Vincent à Auvers et qui logeait à l'auberge Ravoux, dans une chambre mitoyenne de celle de son frère. Hirschig est porteur d'une lettre du docteur Gachet, qui presse Theo de venir : Vincent est en danger ! Terriblement inquiet, Theo part sur-le-champ. Quand il pénètre dans la minuscule et austère chambre de Vincent, la vue terrifiante de son frère, blessé, le crucifie : Vincent, s'est tiré la veille une balle dans la poitrine ; il agonise. Cette vision insoutenable déclenche chez Theo un flot de larmes. Vincent, très calme, se veut rassurant : « Ne pleure pas, je l'ai fait pour le bien de tous... » Un acte extrême pour sauver Theo et les siens, une preuve d'amour, peut-être. Le geste d'un désespéré, dans tous les cas. Les deux hommes parlent longuement, en hollandais, conversation dont la teneur n'a jamais été connue.

Vincent paraît reprendre quelques forces à la vue de Theo, ce qui peut expliquer les propos apaisants qu'il tient dans une lettre qu'il adresse immédiatement à Jo, à moins que ce soit pour épargner sa femme : « Je l'ai trouvé en meilleure condition que je ne le craignais, bien qu'il soit très malade... Si la nuit se passe plus calmement, je rentrerai à Paris tôt demain, sinon je resterai ici... Ne t'inquiète pas trop, la situation a déjà été aussi désespérée, mais sa forte constitution avait fait mentir les médecins [1]. » Theo ne peut admettre que Vincent va mourir. Il désire le sauver, comme il l'a fait toute sa vie. Mais Vincent ne veut plus se battre. Il sombre dans l'inconscience, puis se réveille pendant quelques instants, juste le temps de murmurer qu'il aimerait s'éteindre ainsi [2]. Dans la nuit du 29 juillet, à une heure trente, il meurt dans les bras de son frère. Le monde s'écroule !

Il veille le corps de Vincent jusqu'au matin. Bien que choqué, il doit faire face aux tracasseries administratives et s'occuper des préparatifs de l'enterrement : l'enregistrement du décès, le choix du cercueil, l'achat d'une concession de quinze ans pour trente francs, les démêlés avec l'abbé Tessier, qui refuse de prêter le corbillard, un suicidé n'appartenant plus à la communauté des chrétiens. Finalement, c'est le maire de Méry-sur-Oise qui met le véhicule de sa commune à sa disposition. Toutes ces démarches l'épuisent. Malgré son immense tristesse, il s'attache à rassembler les affaires de Vincent. Il remarque alors une lettre inachevée de son frère – qui répondait apparemment à l'une de ses lettres non

---

1. Lettre de Theo à Jo, Auvers, 28 juillet 1890, b2066V/1982. Fondation Vincent van Gogh.

2. Lettre de Theo à Jo, Paris, 1er août 1890, b2066V/1982. Fondation Vincent van Gogh.

conservées – dans laquelle Vincent rendait hommage au courage de Theo : « Eh bien vraiment, nous ne pouvons faire parler que nos tableaux. Mais pourtant mon cher frère, il y a ceci que toujours je t'ai dit et je te le redis encore une fois avec toute la gravité que puissent donner les efforts de pensée assidûment fixée pour chercher à faire aussi bien qu'on peut – je te le redis encore que je considérerai toujours que tu es autre chose qu'un simple marchand de Corot, que par mon intermédiaire tu as ta part à la production même de certaines toiles, qui même dans la débâcle gardent leur calme. (...) Moi, mon travail, j'y risque ma vie[1]. » Des mots très forts qui le touchent en plein cœur. Une lettre qui sonne comme un adieu.

Le mercredi 30 juillet 1890, un cortège funèbre quitte, vers trois heures de l'après-midi, l'auberge Ravoux pour se diriger vers le petit cimetière qui surplombe Auvers-sur-Oise. À sa tête, Theo pleure son frère décédé à l'âge de trente-sept ans. Son beau-frère et ami, Dries, le soutient moralement et physiquement. Derrière Theo, le docteur Gachet et son fils Paul, des amis intimes et des artistes, tels Lucien Pissarro, Émile Bernard, Charles Laval – le compagnon de Gauguin à la Martinique –, le père Tanguy et ceux qui ont côtoyé Vincent dans les derniers instants de sa vie comme Ravoux et Hirschig. Camille Pissarro, l'ami fidèle, retenu à Éragny, enverra une lettre de condoléances touchante : « Ce matin, nous avons reçu la lamentable nouvelle de la mort de votre pauvre frère. Mon fils Lucien n'a eu que quelques minutes pour prendre le train (...) J'aurais bien voulu en

1. Lettre de Vincent à Theo, juillet 1890, 652 F. Lettre qu'il portait sur lui le 29 juillet.

faire autant, mais je ne pouvais être prêt à temps. C'est à mon grand regret, car j'avais vraiment une grande sympathie pour cette âme d'artiste qu'était votre frère, et qui laissera un grand vide parmi les jeunes [1]. » Émile Bernard décrit avec beaucoup de sensibilité l'enterrement au critique d'art Albert Aurier : « (...) Il faisait un soleil atroce ; nous montons les côtés d'Auvers en parlant de lui, de la poussée hardie qu'il a donnée à l'art, des grands projets qu'il avait toujours en tête, du bien qu'il a fait à chacun de nous. Nous arrivons au cimetière neuf, émaillé de pierres neuves ; c'est sur la butte dominant les moissons, sous le grand ciel bleu qu'il aurait encore aimé – peut-être. Puis on le descend dans la fosse. Lui n'aurait pu pleurer en ce moment... Cette journée était trop faite pour lui qu'on ne songeât qu'il aurait vécu heureux encore [2]... » Face à la tombe de Vincent, surmontée d'une petite stèle de pierre conçue conjointement par Theo et le docteur Gachet, ce dernier clôt la cérémonie civile par un bref et élogieux discours. Trop éprouvé par le chagrin qui le submerge, Theo ne peut s'exprimer. Cependant, il remercie sincèrement les gens venus rendre un dernier hommage à Vincent. Très ému, il abandonne pour toujours dans « un coin de terre ensoleillée, au milieu des corbeaux [3] », son frère chéri et une immense partie de sa vie ; en effet, jamais plus il n'aura l'occasion de se recueillir sur sa tombe.

---

1. Lettre de Camille Pissarro à Theo, 30 juillet 1890, *in* Jeannine BAILLY-HERZBERG, *Correspondance de Camille Pissarro, 1886-1890*, Paris, Éditions de Valhermeil, tome 2, p. 54.
2. Émile BERNARD, « L'enterrement de Vincent van Gogh », *Arts-Documents*, février 1953.
3. Lettre de Theo à Jo, 1er août 1890, b2067V/1982. Fondation Vincent van Gogh.

De retour dans la chambre mortuaire – éclairée par les ultimes toiles de Vincent et de nombreux bouquets – il offre, en signe de reconnaissance, quelques œuvres de son frère aux personnes qui l'ont entouré dans les derniers jours de sa vie. Le menuisier Levait, qui prépara le cercueil, les aubergistes Ravoux et le docteur Gachet en sont les principaux bénéficiaires. Abattu par cette épreuve déchirante, Theo n'est plus que l'ombre de lui-même. Ne supportant pas de rester dans le village qui lui rappelle douloureusement la perte de son frère, il décide de repartir le soir même pour Paris. Il accepte l'invitation d'Annie et de Dries de passer la nuit chez eux. Il éprouve le besoin d'être entouré : « J'ai eu la force de repartir le soir-même, mais tout me semble vide, comme il me manque. Il me semble que tout me fait penser à lui [1]. » Et de pousser un cri de détresse : « Oh, mère, il était tellement mon propre frère [2] ! »

Theo n'avait-il pas envisagé l'éventualité d'une telle tragédie ? En cet été quatre-vingt-dix, il se tourmentait, s'inquiétait du sort de Vincent, mais pas plus intensément qu'il ne le faisait à l'époque des crises d'Arles et de Saint-Rémy. Il connaissait parfaitement le comportement excessif de son frère, ses réactions impulsives, violentes. Il avait appris, avec le temps, à les calmer, à les désamorcer soit par des mots rassurants, soit par des propos tranchants. Pour Theo, le danger immédiat concernait l'arrivée d'une prochaine crise, mais pas cet acte ultime qu'est le suicide. Il percevait néanmoins un malaise qu'il tenta confusément d'exprimer à Vincent :

---

1. *Ibid.*
2. Lettre de Theo à Moe, 1er août 1890, b0934V/1962. Fondation Vincent van Gogh.

« … Comme tu disais que tu écris difficilement et ne me parles pas de ton travail, je crains qu'il n'y ait quelque chose qui te gêne ou ne marche pas [1]. » Dans ces instants critiques, il lui conseillait alors de consulter le docteur Gachet, estimant que lui seul était en mesure de l'aider. S'il avait prévu la décision fatale, il se serait précipité auprès de Vincent pour le secourir.

De la dernière missive de Theo à Vincent [2] se dégageait toujours le mal-vivre du peintre. Apparemment, Vincent était revenu sur les incidents du fameux dimanche 6 juillet qui le marquaient encore et qu'il s'obstinait à désigner comme « querelles domestiques », même s'il est certain que la discussion fut houleuse à propos de la situation professionnelle de Theo et du manque d'argent. Jo, rongée par le remords, écrivit : « Est-ce que nous avons fait tellement les idiots, ce jour-là, quand il était là ? Mon cher trésor, je me suis promis de ne plus jamais me disputer avec toi et de faire toujours ce que tu veux, toi [3]. »

En apprenant la mort de Vincent, Jo se sentit coupable de l'avoir bousculé. Elle comprit la fragilité de cet homme. « Oh, que j'aimerais encore le voir et lui dire le regret d'avoir été si impatiente avec lui ces dernières fois [4]. »

1. Lettre de Theo à Vincent, 22 juillet 1890. *Der Spiegel*, 22 janvier 1990. Lettre qui répond à celle de Vincent ; envoyée dans un premier temps à Amsterdam et renvoyée par Jo à son mari, document aujourd'hui disparu.

2. *Ibid.*

3. Lettre inédite de Jo à Theo, Amsterdam, 26 juillet 1890, b4241V/1984. Fondation Vincent van Gogh.

4. Lettre inédite de Jo à Theo, Amsterdam, 1er août 1890, b2060V/1982. Fondation Vincent van Gogh.

Vincent s'est-il donné la mort pour en finir avec cette vie de souffrances ? G. Krauz explique ce suicide par la conjonction de trois facteurs : le manque d'argent qui devient crucial ; le mariage de Theo avec Jo (et sa conséquence naturelle, le petit Vincent) ; la maladie de Theo, dont l'aggravation visible l'a fortement impressionné [1].

Cependant, un mystère reste à élucider : pourquoi Theo ne mentionnait-t-il pas sa décision de ne pas quitter la maison Goupil dans sa lettre du 22 juillet, adressée à son frère ? La réponse de Vincent à cette missive prouve cette omission, puisqu'il espérait pour Theo que « ces Messieurs seront dans de bonnes dispositions à ton égard [2] ». Et pourtant, révéler cette information à Vincent aurait peut-être changé le cours des événements. Si, dans sa dernière lettre inachevée – retrouvée sur lui le jour de sa mort – il précise que Theo a de nouveau écrit et envoyé cinquante francs, rien n'indique que son frère lui ait annoncé que Boussod et Valadon le gardaient. Dans la mesure où il manque une partie de la correspondance des deux frères, il est impossible de dissiper cette zone d'ombre, déterminante. Vincent se serait-il tout de même suicidé, s'il avait su que son frère conservait son poste ? Nul ne peut répondre. Il était si tourmenté, si las de cette vie de souffrances : « C'est une tristesse qui pèsera sur moi pendant longtemps et ne quittera certainement pas mon esprit aussi longtemps que je vivrai, même si l'on désirait dire

1. G. Krauz, *op. cit.*, p. 29.
2. Lettre de Vincent à Theo, 23 juillet 1890, 651 F.

quelque chose, c'est que lui-même a trouvé le repos qu'il espérait depuis longtemps [1] », écrit Theo à sa mère.

L'obsession de Theo

Bien qu'il soit entouré de ses amis et relations, Theo, face à cette insupportable tragédie, n'aspire qu'à se retrouver en famille. Elle seule peut lui apporter réconfort et soutien, pallier le vide laissé par Vincent. Il exprimait déjà ce sentiment, à sa femme lors de son arrivée à Auvers : « Quoi qu'il arrive, souviens-toi que j'y ferai face bravement, puisque je t'ai dans ma vie... Je t'appelle mon seul, mon unique réconfort [2]. »

Il envoie à sa chère mère une lettre très touchante, dans laquelle il dit espérer vite la retrouver dans ce moment si douloureux pour toute la famille [3]. Il décide de partir, dès le 3 août, pour Leyde. Ensemble, Moe et Theo, évoquent le souvenir du disparu. Ils se racontent des anecdotes le concernant, des petits riens qui soulagent la peine. Dans les lettres qu'ils relisent, ils retrouvent cet être passionné et hors du commun qui leur manque tant [4]. Lors d'une réunion familiale, Theo engage la conversation sur le sort des tableaux de

1. Lettre de Theo à Moe, 1er août 1890, b0934V/1962. Fondation Vincent van Gogh.

2. Lettre de Theo à Jo, 28 juillet 1890, b2066V/1982. Fondation Vincent van Gogh.

3. Lettre de Theo à Moe, 1er août 1890, b0934V/1962. Fondation Vincent van Gogh

4. Lettre de Theo au docteur Gachet, Amsterdam, 12 août 1890. Voir Paul GACHET, *Lettres impressionnistes*, Paris, Grasset, 1957, p. 151 et *Deux amis des impressionnistes, le Dr Gachet et Mürer, op. cit.*, p. 122-123.

Vincent. Il propose alors à ses trois sœurs et à Joan van Houten, le mari d'Anna, de signer une lettre qui lui assure d'être l'unique héritier de son frère aîné [1], ceci dans le but de protéger ses œuvres qui seront un jour admirées et, par conséquent, prendront de la valeur. Les signataires de ce document acceptent, sans s'offusquer, les termes de cet arrangement. Il est vrai que la plupart des membres de la famille ne croit pas en son talent, en particulier Anna qui n'a jamais accepté qu'ils se soient tous sacrifiés pour Vincent. Le 9 août, Theo se rend avec Jo et son fils à Amsterdam, chez les Bonger. Immédiatement, il éprouve le besoin de se confier à sa mère et à Wil, très affectueusement. Mais la tristesse est toujours, là, pesante. La plaie reste ouverte : « ... Et, en se couchant, évidemment tout ce qui s'est passé les derniers temps revenait à la surface. On ne peut savoir ce que réserve l'avenir [2]. » Malgré son affliction et ses idées noires, Theo doit faire face aux responsabilités professionnelles qui l'attendent à Paris. Il y revient aux alentours du 17 août, et se remet, immédiatement mais sans conviction, au travail. Ce qui lui reste d'énergie sera consacrée, non pas à vendre des tableaux dans la galerie, mais à faire reconnaître le talent de son frère. Il n'a qu'une obsession : exposer les œuvres de Vincent. Par amour. Par désespoir. Pour apaiser son chagrin. Pour prolonger l'existence de Vincent. Pour oublier qu'il aurait peut-être pu le sauver. Pour effacer son sentiment de culpabilité dans cette tragédie. Pour réussir enfin la

---

1. Lettre inédite de Joan et Anna van Houten, de Wil et Lies van Gogh à Theo, août 1890, b2217V/1982. Fondation Vincent van Gogh.
2. Lettre inédite de Theo à Moe et à Wil, 11 août 1890, b0935V/1962. Fondation Vincent van Gogh.

mission qu'il n'a pu mener à bien du vivant de son frère : aider à la reconnaissance de son génie. « J'espère que cela pourra se faire car pour laisser ignorées ces toiles de maître serait coupable de ma part, et si je ne faisais pas d'abord tout mon possible pour tâcher de la faire avoir lieu, je m'en voudrais toujours [1]. » Dans un premier temps, Theo se décide enfin à répondre aux nombreux et chaleureux témoignages reçus après les obsèques de Vincent. Parmi lesquels ceux de Claude Monet, de Meyer de Haan, de Camille Pissarro, de John Russel, d'Armand Guillaumin, d'Albert Aurier. Le mot de Paul Gauguin semble un peu distant, comparé à l'amitié et à l'admiration que Vincent lui portait. Toutes ces preuves de sympathie le confortent dans l'idée que Vincent était reconnu comme un grand artiste par ses pairs.

Dans un deuxième temps, il part en quête d'un lieu pour exposer les toiles de son frère. Theo ne peut envisager de choisir la galerie qu'il gère, compte tenu des relations houleuses qu'il entretient avec Boussod et Valadon. Ceux-ci n'auraient jamais consenti à présenter les toiles d'un peintre inconnu au comportement étrange et, de surcroît, frère d'un de leurs employés. Leur réputation compte avant tout. Alors, tout naturellement, Theo s'adresse au marchand de tableaux – et concurrent – qui a toujours encouragé l'art avant-gardiste, Durand-Ruel. Il l'invite chez lui un matin afin de lui montrer les toiles entreposées. « Durand-Ruel est resté une heure, mais n'a pas pu voir les travaux d'Auvers car ils sont chez Tanguy. Pour l'instant, bien qu'il trouve le travail de Vincent très artistique, il hésite à l'exposer dans sa galerie, de peur

---

1. Lettre de Theo au docteur Gachet, 12 septembre 1890. Paul GACHET, *Lettres impressionnistes*, *op. cit.*, p. 151.

d'une réaction hautaine du grand public. Il n'y a rien de définitif. Il m'a demandé s'il pouvait revenir la semaine prochaine [1]. » Exposer l'œuvre de Vincent représente un chemin semé d'embûches, tant les marchands d'art restent frileux face à la nouveauté. Bien que Theo ait rencontré le fils Durand-Ruel, qui l'informe que son père pensait mettre une salle à sa disposition cet hiver, rien ne semble réellement décidé. Theo réfléchit alors à d'autres lieux parisiens. Signac propose une salle à part dans le pavillon de la Ville de Paris, lors du salon des Indépendants [2]. Mais il n'y a pas que ce projet d'exposition. Dans une lettre à Albert Aurier, Theo émet l'idée de la publication d'une biographie de Vincent : « Vous avez été le premier à l'apprécier, non seulement pour son plus ou moins de capacité pour faire des tableaux, mais vous avez lu dans ses œuvres et vous y avez très exactement vu l'homme. Plusieurs littérateurs ont manifesté le désir d'écrire quelque chose sur lui, mais je leur ai demandé d'attendre ; c'était pour vous laisser le temps de parler le premier et pour que, si vous vouliez, vous puissiez faire une biographie dont je pourrai vous fournir tous les éléments, d'autant plus véridiques que j'ai une correspondance très suivie avec lui depuis 1873 et maints documents intéressants [3]. » Touché et honoré par cette demande, Aurier accepte avec empressement. Cependant, la sortie de son prochain roman l'empêche de s'y

---

1. Lettre inédite de Theo à Moe, 24 août 1890, b0936V/1962. Fondation Vincent van Gogh.

2. Ultime lettre de Theo au docteur Gachet, 12 septembre 1890. Paul GACHET, *Deux amis des Impressionnistes, le Dr Gachet et Mürer*, *op. cit.*, p. 153-155.

3. Lettre de Theo à Albert Aurier, 27 août 1890. – John REWALD, *Le post-impressionnisme*, tome 2, *op. cit.*, p. 112.

atteler dans l'immédiat. Son décès prématuré mettra un terme à ce projet.

De son côté, le docteur Gachet travaille à un article sur Vincent. À ce sujet, Theo a déjà trouvé un support, le journal *Art et Critique*[1]. Une effervescence inhabituelle s'installe dans l'appartement des Van Gogh. Theo reçoit beaucoup et toutes ces visites ont pour point commun : Vincent. Profitant de sa venue à Paris, Camille Pissarro se rend chez Theo. Fasciné par les derniers tableaux, il veut faire un échange avec l'une de ses toiles. Serret – peintre et lithographe – contemple aussi les tableaux de Vincent : « Il [Serret] a posé beaucoup de questions sur Pa et Moe pour savoir comment il a pu recevoir un talent de maître et un esprit aussi génial[2]. » Tous ces témoignages d'admiration poussent Theo à poursuivre son but. La visite du docteur Gachet chez Jo et Theo est une nouvelle occasion d'évoquer la mémoire du disparu. « Le docteur Gachet m'a amené une petite esquisse que Vincent a faite de lui et un petit dessin de tournesols. Le soir, il est resté jusqu'à minuit, et il ne tarissait pas d'éloges sur les toiles de Vincent[3]. » Parallèlement, Theo contacte Octave Maus pour organiser une rétrospective des œuvres de son frère dans le cadre de l'exposition des XX pour l'année 1891[4]. Tous ces projets atténuent sa peine, lui qui vit dans le souvenir de Vincent. Profondément touché par la sollicitude des

1. Lettre de Theo au docteur Gachet, 12 septembre 1890, *ibid.*, p. 153-155.

2. Lettre inédite de Theo à Moe et à Wil, 24 août 1890, b0936V/1962. Fondation Vincent van Gogh.

3. *Ibid.*

4. John REWALD, *op. cit.*, tome 2, p. 114.

uns et des autres, il éprouve envers eux une immense gratitude.

Si le talent de Vincent est reconnu par quelques artistes et marchands, le milieu de l'art est loin de partager cet enthousiasme. Même Durand-Ruel – pourtant peu timoré en matière de nouveauté artistique – refuse finalement de montrer les tableaux de Vincent, avec comme excuse officielle la désapprobation certaine du grand public [1]. Persévérant et tenace, Theo ne se décourage pas pour autant. Connaissant l'admiration d'Émile Bernard pour l'œuvre de son frère, il fait appel à lui, espérant que le peintre voudra bien l'aider à disposer les toiles dans le nouvel appartement qu'il a finalement décidé de louer dans le même immeuble, au premier étage : « ... La quantité de tableaux est accablante. Je n'en sors pas pour organiser un ensemble où on peut avoir un aperçu de son œuvre [2]. » Ainsi pourra-t-il montrer, à défaut d'exposer, des œuvres de Vincent. Émile Bernard accepte et va aider Theo à son domicile, le dimanche. Ce dernier est fier du résultat : « Il [Émile Bernard] s'est bien débrouillé pour tout accrocher... Il a aussi peint sur les fenêtres de notre salon un berger avec des moutons. On dirait un vitrail du Moyen Âge. Cela va très bien avec la chambre décorée par les tableaux de Vincent. J'aimerais que tu puisses le voir. Tu en profiterais et verrais que, contrairement à ce que dit ce monsieur Beaubourg dans son article, ces toiles ne sont pas l'œuvre d'un esprit malade, mais de l'ardeur et de

---

1. Lettre inédite de Theo à Camille Pissarro, 30 septembre 1890. Archives départementales du Val-d'Oise.

2. Lettre de Theo à Émile Bernard, 18 septembre 1890, T 561.

l'humanité d'un grand homme [1]. » L'appartement de Theo se transforme en musée à la mémoire de Vincent, un véritable sanctuaire. Son travail à la galerie est peu abordé dans ses dernières lettres. On apprend seulement qu'il a conclu une importante vente : un tableau de Troyon, peintre de paysages appartenant à l'école de Barbizon. Une jolie réussite, compte tenu des bénéfices que rapporte la transaction : « La maison gagnera au moins dix mille francs et la promesse de réaliser d'autres affaires [2]. » Par ailleurs, deux courriers à Camille Pissarro soulignent la vente au collectionneur Dupuis de l'un de ses tableaux, son *Champ avec le laboureur*, pour huit cent francs et son souhait, étant donné les nouvelles et magnifiques productions du peintre, d'organiser une nouvelle exposition [3]. On sent, à travers ces deux lettres, que Theo n'a pas perdu sa volonté de défendre inlassablement les impressionnistes ; la preuve en est son désir d'exposer les œuvres de son ami Pissarro. Il réussit aussi à négocier un Guillaumin et un Degas. Cependant, la priorité reste Vincent. Une façon d'oublier toutes les questions en suspens autour des circonstances du suicide de son frère bien-aimé. Quoiqu'il arrive, il veut obtenir une reconnaissance posthume. Il entame une course effrénée, une lutte contre la montre, comme si les minutes étaient comptées. Elles le sont effectivement.

---

1. Lettre inédite de Theo à Wil, 27 septembre 1890, b0947V/1962. Fondation Vincent van Gogh.

2. *Ibid.*

3. Lettres inédites de Theo à Camille Pissarro, 30 septembre et 10 octobre 1890. Archives départementales du Val-d'Oise.

Octobre 1890 : les affres de la maladie

Depuis son retour à Paris, Theo semble retrouver ses forces physiques. « Je vais beaucoup mieux. Chaque jour, je prends des petites gouttes prescrites par le docteur Van der Maaten [écrivain et médecin, ami de la famille]. Je dors beaucoup mieux, et ne tousse presque pas[1]. » Dries Bonger, de son côté, rassure sa famille sur la santé de son beau-frère : « Il va mieux. Il a été très déprimé. La perte de Vincent l'a terriblement affecté[2]. » Cette rémission est malheureusement de courte durée. Le mal qui rongeait Theo, depuis des années, s'accentue tout à coup et culmine aux mois de septembre et d'octobre. Il écrit au docteur Gachet : « ... Je ne me sens encore pas bien, la tête me tourne et toute écriture me donne un peu de vertige. C'est encore les nerfs qui ont le dessus[3]. » À sa mère, il raconte en détail sa souffrance : « À cause des petites gouttes du docteur Van der Maaten, je suis tombé malade de telle façon que j'aurais pu devenir fou. Ces gouttes devaient m'empêcher de tousser et m'aider à m'endormir. Mais j'ai eu des hallucinations et des cauchemars si affreux que j'avais envie de me jeter par la fenêtre pour qu'ils cessent. Quand j'ai arrêté de prendre les gouttes, je toussais davantage qu'avant. Une importante bronchite, accompagnée d'une extinction de voix, s'est déclarée. Je suis allé voir le docteur Léon Simon, sur les conseils du docteur Gachet. Ce médecin m'a dit :

---

1. Lettre inédite de Theo à Moe, 8 septembre 1890, b0937V/1962. Fondation Vincent van Gogh.

2. Henk BONGER, *op. cit.*, p. 69.

3. Lettre de Theo au docteur Gachet, 12 septembre 1890, *in* Paul GACHET, *Deux amis des impressinnistes, le Dr Gachet et Mürer*, *op. cit.*, p. 153-155.

“Si vous restiez chez vous cela serait bien pour la toux mais votre nervosité reprendrait.” J’ai suivi son conseil et ne suis pas resté chez moi [1]. » L’état de santé de Theo devient très préoccupant. Le 4 octobre, jour de l’anniversaire de Jo, Theo se trouve dans un état extrême d’excitation. Puis, trois semaines plus tard, le 9 octobre, le drame éclate, rapporté par Camille Pissarro : « Theo van Gogh était, paraît-il, malade avant sa folie ; il avait une rétention d’urine. Il y avait une huitaine de jours qu’il n’urinait pas ; joint à cela les tracas, les chagrins et une violente discussion avec ses patrons à propos d’un tableau de Decamps. Par suite de ces faits, il a, dans un moment d’exaspération, remercié les Boussod, et tout d’un coup, il est devenu fou. Il voulait louer *Le Tambourin* pour faire une association de peintres. Il est ensuite devenu violent. Lui qui aimait tant sa femme et son fils, il a voulu les tuer [2]. » Un comportement aux antipodes du véritable tempérament de Theo. Son incompensable tristesse et la tension accumulée depuis la mort de Vincent – sans doute aggravée par la maladie dont il souffre – ont déclenché cet accès de démence. D’autres symptômes vont malheureusement se déclarer.

C’est au moment de cette crise que Theo adresse à Gauguin le fameux message : « Départ assuré pour Tropiques, argent suit. Theo, directeur [3]. » Gauguin n’a aucune raison de ne pas le croire. D’une part, il connaît l’honnêteté de son marchand, d’autre part, il se base sur

1. Lettre inédite de Theo à Moe, 16 septembre 1890, b0938V/1962. Fondation Vincent van Gogh.

2. Lettre de Camille Pissarro à son fils, 18 octobre 1890. Camille Pissarro. – *Lettres à mon fils Lucien*, Paris, Albin-Michel, 1950, p. 188.

3. Lettre de Theo à Paul Gauguin, octobre 1890, *in* A. ALEXANDRE, *Paul Gauguin, sa vie, et le sens de son œuvre*,Paris, 1930, p. 108.

une précédente lettre de Theo lui annonçant que son pouvoir au sein de la galerie s'affirmait et que, bientôt, il pourrait fixer lui-même les prix[1]. La déception de Gauguin est grande lorsqu'il apprend dans quelles circonstances ce télégramme fut rédigé. Dries s'empresse de prévenir le docteur Gachet que son beau-frère est très mal : « … dans un état de surexcitation tel que nous nous inquiétons sérieusement. La surexcitation est causée par un différend avec ses patrons à la suite duquel il veut s'établir sans souffrir aucun délai. Le souvenir de son frère le hante à tel point qu'il en veut à tous ceux qui n'entrent pas dans ses idées. Ma sœur est à bout de forces et ne sait que faire[2] ». Le 12 octobre, Theo est hospitalisé à la maison Dubois, rue du Faubourg-Saint-Denis. Deux jours plus tard, il est transféré dans la clinique du docteur Blanche – où Gérard de Nerval fut soigné, en son temps –, au 17, rue Berton, à Passy. Il y est traité conjointement par Antoine Émile Blanche, psychiatre réputé et fils du célèbre aliéniste, et le docteur Meuriot. C'est un établissement spécialisé dans les soins aux patients victimes de leurs passions. Le calme absolu y est prescrit par les médecins. Ironie du destin, Theo reçoit le même traitement que Vincent pendant ses périodes de crises. Dans cette maison de santé, son état se stabilise et même s'améliore. Wil, prévenue par Jo, décide de rejoindre sa belle-sœur, pour la soutenir dans cette terrible épreuve. Toutes deux

1. Lettre de Paul Gauguin à Theo, Le Pouldu, 7 juillet 1890. Voir Douglas COOPER, *Paul Gauguin, quarante-cinq lettres à Vincent, Theo et Jo van Gogh*, *op. cit.*, p. 183.

2. Lettre de Andries Bonger au docteur Gachet, 10 octobre 1890. Paul GACHET, *Deux amis des impressionnistes, le Dr Gachet et Mürer*, *op. cit.*, p. 125-126.

rendent visite au malade. Jo s'inquiète à juste titre de l'état de son mari. Andries rapporte à ses parents la horrible vérité : « Rivet (l'un des médecins de Theo) a dit que son état était pire que ne l'était celui de Vincent et qu'il n'y a pas le moindre espoir. C'est profondément triste [1]. » La nouvelle de la maladie de Theo se répand dans le milieu artistique parisien ; elle affecte ceux qui apprécient sa gentillesse et reconnaissent son dévouement pour son frère et les artistes. Albert Aurier écrit : « Il ne nous reste plus qu'à faire nos devoirs d'amis – peut-être aussi à espérer [2]. » Quant à ses employeurs, ils semblent, dans un premier temps, soutenir leur gérant dans l'adversité. Ils expliquent à Tersteeg – venu à Paris le 21 octobre et qui se rend au chevet du malade, en compagnie du docteur Gachet – qu'ils n'acceptent pas la démission de Theo donnée dans un moment de démence. Ils assurent qu'ils le garderont au sein de leur entreprise jusqu'à la fin de l'année [3]. Cependant, Maurice Joyant, le successeur de Theo à la galerie, rapportera, quelques années plus tard, des propos de Boussod et Valadon beaucoup plus brutaux, sans aucune considération pour leur pauvre employé leur avait consacré sa vie : « Notre gérant Van Gogh, une sorte de fou d'ailleurs, comme son frère le peintre, est dans une maison de santé ; allez le remplacer. Il a accumulé des choses

---

1. Lettre de Andries Bonger à ses parents, 22 octobre 1890. Voir Jan HULSKER, *Vincent and Theo van Gogh, A dual biography*, Fuller Publications Ann Arbor, Michigan, 1990, p. 453.

2. Lettre d'Albert Aurier au docteur Gachet, 22 octobre 1890. Voir Paul GACHET, *Les 70 jours de van Gogh à Auvers*, Éditions du Valhermeil, Saint-Ouen-L'Aumône, 1994, p. 292.

3. Jan HULSKER, *Vincent and Theo van Gogh, A dual biography*, *op. cit.*, p. 454.

affreuses de peintres modernes, qui sont le déshonneur de la maison. Il y avait bien quelques Corot, Rousseau, Daubigny, mais nous avons repris ce stock... Vous trouverez aussi un certain nombre de toiles d'un paysagiste, Claude Monet... Il est en train de nous encombrer de ses paysages, toujours pareils comme sujets. Quant au reste, ce sont des horreurs : débrouillez-vous et ne nous demandez rien, sinon on fermera boutique[1]. » L'inlassable combat que menait Theo, dans cette maison rigide, pour la reconnaissance de l'art moderne n'avait servi de rien.

Utrecht : l'antichambre de la mort

Cependant, l'état de santé de Theo s'étant stabilisé, son épouse le fait transporter en Hollande pour le faire soigner non loin de ses proches. « Ce matin, nous avons reçu votre lettre avec la bonne arrivée de Theo et Net [Jo] et le petit Vincent[2]. » Le père de Jo a entrepris des démarches auprès de la justice hollandaise. Celle-ci accorde officiellement le droit d'internement de Theo dans une institution médicale spécialisée, pour un an. Theo, accompagné de sa femme et de deux employés de la clinique du docteur Blanche, fait le voyage de nuit ; il est admis, le 18 novembre, à l'asile psychiatrique Willem Arntszliniek, à Utrecht. Il y passera, parmi les aliénés, les quelques mois qui lui restent à vivre.

Le comportement de Theo devient très alarmant : il s'embrouille, manque de repères dans l'espace et dans le

1. Maurice JOYANT, *Henri de Toulouse-Lautrec, 1864-1901*, 2 volumes, Paris, H. Floury, 1926, p. 118.
2. Henk BONGER, *op. cit.*, p. 69

temps, exprime des pensées incompréhensibles en plusieurs langues ; il a également tendance à vouloir déchirer ses vêtements. Comme à Paris, il tousse beaucoup. En outre, il se déplace difficilement : son pied droit est enflé en raison d'une chute. Parfois, il est incontinent.

Durant les jours qui suivent, son état varie très peu. Il a toujours l'air pitoyable et refuse encore de s'alimenter. Les médecins appliquent un traitement : bains, calmant contre l'anxiété (chloralomide), iodure de calcium, décoctions diverses. Le 24 novembre, comme il paraît plus calme, les praticiens autorisent quelques visites : le docteur Van der Maaten, qui l'avait déjà ausculté à Paris – il le trouve en régression. Et Jo ! Entrevue qui bouleverse la jeune femme. Comment ne pas être angoissée à la vue de l'homme qu'elle aime. Il est méconnaissable : c'est un être diminué, très agité. Son état mental est tellement catastrophique qu'il ne reconnaît pas sa femme ; ses paroles sont inintelligibles.

Dans sa folie, Theo casse des chaises, une table, détériore un matelas et divers objets. Comme il est trop excité pour que les médecins autorisent de nouvelles visites, Jo lui fait parvenir un bouquet de fleurs, qu'il détruit aussitôt. De jour en jour, il dépérit, mange peu, vomit parfois ; il souffre de tremblements au niveau de la langue, et se plaint en français de maux de tête. Le 6 janvier 1891, un médecin, croyant pouvoir capter l'attention de son patient, lui lit un article sur Vincent paru dans le *Handelsblad* ; Theo réagit seulement au nom de son frère.

La visite de sa femme et de sa sœur, le 13 janvier, ne change rien à son état. À partir du 20 janvier, Theo traverse alternativement des périodes d'abattement ou d'excitation. Le 25 janvier 1891, presque six mois après Vincent, Theo van Gogh décède dans cet asile d'aliénés, à trente-trois ans, laissant une jeune femme désespérée et un fils qui n'a pas un an.

Certains biographes de Vincent, s'appuyant sur les dires des témoins de l'époque, prétendent que Theo est mort de chagrin, car il ne parvenait pas à surmonter la perte de son frère. Cette opinion doit être nuancée. En 1940, le docteur Victor Doiteau a étudié la maladie de Theo et conclut à une néphrite chronique d'origine lithiasique [1]. Un diagnostic qui, aujourd'hui, ne concorde pas avec les éléments du dossier médical. Ce dernier révèle que Theo souffrait, depuis des années, d'une paralysie générale [2], phase terminale d'une infection syphilitique. Le rapport du premier examen, établi à son arrivée à Utrecht, décrit : « Un état de délire mégalomaniaque accompagné de “folie de grandeur” et d'une paralysie générale progressive ou *dementia paralytica* [3]. » Ce constat recoupe le rapport du docteur Meuriot, de la clinique du docteur Blanche, transmis à l'Intitut hollandais : « À Paris, le patient a été admis souffrant de paralysie générale progressive [4]. » Un dernier examen, à Utrecht, confirmera les deux précédents : il s'agit bien d'une *dementia paralytica* galopante, dont les symptômes sont : perturbations pour marcher et s'exprimer, pupilles inégales, gaieté psychique changeante, excitation et désir

1. Victor DOITEAU, *À quel mal succomba Theodore van Gogh ?*, Aesculape, vol. 30, nº 1, mai 1940, p. 76-87.
2. P.H.A. VOSKUIL, *Hef medische dossier van Theo van Gogh*, Ned Tijdschr Geneeskd, 136, nº 36, 1992.
3. Dossier médical de Theo van Gogh. Archives de l'institut Willem Arntsz Huis, Utrecht, et Fondation Vincent van Gogh.
4. *Ibid.*

de destruction, incontinence, désorientation dans l'espace et dans le temps. Généralement, de dix à quinze ans s'écoulent entre l'infection et la paralysie. Si Vincent ne s'était pas suicidé, on peut supposer que Theo, très fortement diminué par la syphilis, serait mort le premier.

Le 28 janvier 1890, Theo est enterré, dans la plus stricte intimité, au cimetière d'Utrecht, une ville où il n'a aucune attache. À la nouvelle de son décès, beaucoup d'artistes ont loué sa bonté, son honnêteté, son courage et son érudition : « Nous apprenons la mort de Theo van Gogh, le sympathique et intelligent expert qui s'employa tant pour faire connaître au public les œuvres des artistes indépendants les plus audacieux d'aujourd'hui[1]. » Camille Pissarro, l'ami fidèle, confie à son fils : « Pauvre garçon, il ne souffrira plus ; c'était lamentable de le savoir fou, lui, si intelligent, si actif naguère[2] ! » Même Paul Gauguin, plutôt avare de compliments, écrira à son ami Daniel de Monfreid : « Quand [Theo] van Gogh de Goupil est devenu fou, j'étais foutu… van Gogh seul a su vendre et créer une clientèle ; pas un aujourd'hui ne sait tenter la clientèle[3]. »

1. Albert AURIER, Mercure de France, mars 1891.

2. Lettre de Camille Pissarro à Lucien Pissarro, 1er février 1891. Voir Camille PISSARRO, *Lettres à son fils Lucien*, Paris, Albin Michel, p. 208.

3. Lettre de Gauguin à Daniel de Monfreid, Tahiti, juin 1892 et 14 février 1897. Voir *Lettres de Gauguin à Daniel de Monfreid*, Paris, 1950, p. 58 et 99.

Épilogue

« J'ai peur que personne ne puisse le guérir tout à fait. Depuis si longtemps, cette tête est occupée par des choses qui sont insolubles pour la société actuelle et contre lesquelles il s'est défendu avec tout son cœur et son énergie. Son travail n'est pas perdu, mais il n'en verra probablement jamais les fruits. Lorsque l'on apprendra ce qu'il a raconté dans ses tableaux, il sera trop tard. Il est un des peintres les plus avancés, et un des plus difficiles à comprendre, même pour moi qui, pourtant, le connais intimement. Ses idées vont si loin sur les questions humaines et sur la façon de voir le monde. On doit donc se libérer d'abord de tout ce qui paraît conventionnel pour se faire une idée de ce qu'il voulait dire. Et qui sera compris seulement plus tard [1]. » Les propos de Theo furent prémonitoires. Malgré les tourments et les heurts, l'œuvre de Vincent, tellement admiré de nos jours, fut élaboré peu à peu conjointement par les deux frères. À force de courage, de passion, de privation, de douleur et de renoncement... Œuvre encore confidentiel au moment de la mort de Theo, puisqu'il n'a pas atteint le but qu'il s'était fixé : faire reconnaître le génie exceptionnel de Vincent.

C'est Johanna qui poursuit le combat de son mari. Elle réussira. Elle s'assure d'abord que la famille Van Gogh accepte que son fils soit l'unique héritier de Vincent. Elle quitte rapidement son appartement parisien, ne

1. Lettre inédite de Theo à Jo, 9-10 février 1889, b2009V/1982. Fondation Vincent van Gogh.

supportant pas de rester dans ces lieux qui lui rappellent douloureusement son époux. Elle s'installe à Bussum, une ville hollandaise où elle ouvre une petite pension de famille qu'elle décore avec les dizaines de toiles de Vincent, récupérées. Elle tente alors d'organiser, avec l'aide de certains amis des deux frères, des expositions. En 1892, Émile Bernard, appuyé par Johanna, mais critiqué par Gauguin, présente seize toiles. Il faut attendre 1901, date à laquelle le galeriste Bernheim-Jeune montre des travaux de Van Gogh, pour qu'il commence à être reconnu par des peintres tels Matisse ou Vlaminck, et à susciter l'intérêt du public parisien. La même année, Johanna se remarie au peintre et critique d'art Johan Cohen-Gosschalk. Ensemble, en 1905, ils organisent l'une des premières importantes expositions de Vincent van Gogh au Stedelijk Museum d'Amsterdam. Des faux Van Gogh circulent déjà. Theo était la seule personne au monde à connaître chacune des toiles de Vincent, le seul expert digne de ce nom. De nouveau veuve, en 1912, elle continue la lutte toute seule. Pour vivre, elle vend quelques tableaux à une collectionneuse hollandaise, Hélène Kröller-Muller, qui détiendra une grande quantité de dessins réalisés par Vincent. L'œuvre du peintre prend de la valeur. De 1915 à 1920, Johanna s'exile aux États-Unis. À sa mort, en 1925, à l'âge de soixante-trois ans, le flambeau revient à son fils.

L'ingénieur Vincent Willem van Gogh est désormais dépositaire d'un trésor laissé par son parrain et par son père. Lors de la célébration du centenaire de la naissance de Vincent, le fils de Theo expose la collection particulière de son père qui comprend, en dehors des toiles de Vincent, un peu plus de cent quatre œuvres.

Parmi lesquelles un Corot, des Daubigny, des Gauguin, des Manet, un Millet, des Monticelli, des Pissarro père et fils, des Rafaëlli, des Toulouse-Lautrec... Peu de tableaux achetés, en raison de son budget restreint, mais pendant des années Theo et Vincent ont fait des échanges avec de nombreux artistes, entre autres, Émile Bernard et Guillaumin. Des toiles leur ont été données : Gauguin offre à Theo un tableau représentant Vincent peignant des tournesols ; Meyer de Haan fait son portrait et le lui donne pour le remercier de l'avoir hébergé, rue Lepic. Quelques-unes portent des dédicaces à l'attention de Theo. Toutes témoignent à la fois de son audace et de ses choix judicieux en tant que collectionneur.

Face à l'engouement, toujours croissant, des professionnels et des amateurs pour les toiles de Vincent, il décide de céder, en 1962, au gouvernement hollandais, ses œuvres pour une somme exorbitante. Désormais, le « peintre maudit » a son musée. Sa notoriété mondiale devient telle que ses toiles atteignent aujourd'hui des sommes vertigineuses. Johanna, à l'instar de Theo, a eu raison de croire en la peinture de son beau-frère. Portée par l'amour qu'elle ressentait pour son époux, elle s'est évertuée à faire connaître l'œuvre de Vincent. Heureusement, elle n'a pas écouté ceux qui estimaient que ses tableaux ne vaudraient jamais rien. Parmi ceux-là, son frère Andries. À travers cette reconnaissance, elle a voulu honorer la mémoire et la générosité de Theo.

Loin de cette frénésie mercantile, deux hommes, deux frères, reposent dans le petit cimetière d'Auvers. Unis dans la vie. Unis dans la mort. Pour l'éternité. C'est en 1914, soit vingt-trois ans après la mort de son mari, que Johanna décide de faire transporter sa dépouille à

Auvers. Pourquoi avoir tant attendu ? D'après les déclarations de Johanna, elle aurait reçu une révélation en lisant un verset de la Bible : « Tu ne sépareras point ce que Dieu a uni », supposition qui continue d'alimenter le mythe du duo Theo/Vincent. Curieusement, au lieu de rapatrier Vincent vers son pays natal, elle choisit de réunir les deux hommes à Auvers. Plus étrange encore : alors qu'elle s'y était rendue, en 1905, pour régler l'achat de deux concessions à perpétuité, elle n'accompagne pas le cercueil de Theo, en 1914, se faisant remplacer par un homme de loi. Rien n'explique cette attitude alors que c'est à elle que l'on doit la première édition de la correspondance de Vincent, plus de six cents lettres conservées précieusement par Theo durant dix-huit ans. Une version expurgée, qui a, depuis, été complétée. Aujourd'hui, les spécialistes remettent en cause l'ordre chronologique de certaines, leur datation. La correspondance de Vincent n'est toujours pas entièrement éclairée. Après la mort de son mari, Johanna se plonge dans la lecture de ce courrier, afin d'essayer de retrouver l'être cher qu'elle a perdu trop tôt. Elle veut connaître sa vie avant leur rencontre, percer ses pensées les plus intimes. « La première soirée que j'ai passée dans notre appartement, après mon retour, j'ai commencé à relire ces lettres, car je savais qu'elles me permettraient de me retrouver en sa compagnie et, soir après soir, j'y ai trouvé une consolation à mon immense chagrin. En ce temps-là, ce n'était pas Vincent mais seulement Theo que je cherchais [1]. » Qu'a-t-elle trouvé dans cette correspondance pour qu'elle décide le retour en France de la dépouille de son mari, alors qu'elle vit désormais en

1. Citée par D. Sweetman, *Une vie de Vincent van Gogh*, *op. cit.*

Hollande ? Peut-être la trace de ce qui existait entre les deux frères, ce lien si intime, sans aucun doute indispensable à leur survie ? Certains auteurs ont cru voir une passion homosexuelle dans cette relation exceptionnellement dévorante. Peut-on aller jusque là ? Ces deux destins pathétiques ont la beauté des tragédies grecques. La double fin prématurée meurtrit Moe. En moins d'un an, elle a perdu deux de ses fils. Le troisième, Cor, se suicidera en Afrique du Sud. Quant à Wil, la sœur préférée de Theo et de Vincent, elle perdra la raison et mourra dans un asile psychiatrique.

Dans le petit cimetière d'Auvers, non loin des champs de blé, on peut découvrir deux stèles identiques, très simples et sans artifices. Seul un drap de lierre les recouvre. Le lierre, une plante qui signifie : « Je meurs ou je m'attache. »

Bibliographie sélective

Sources inédites

1 / Archives de la Fondation Vincent van Gogh, Amsterdam

Lettres de Theo van Gogh à sa famille de 1885 à 1890 : série b900 V/1962 à b937 V/1962.

Lettres de Theo van Gogh à Johanna van Gogh-Bonger de 1887 à 1890 : série b4283 V/1984 à b4284 V/1984 ; série b2007 V/1982 à b2011 V/1982 ; série b2018 V/1982 à b2067 V/1982.

Lettres de la famille à Theo van Gogh
1873 : série b2592 V/1982 à b2680 V/1982.
1874 : série b2681 V/1982 à b2739 V/1982.
1875 : série b2310 V/1982 à b2385 V/1982.
1876 : série b951 V/1962 à b958 V/1962 ; série b2222 V/1982 à b2234 V/1982 ; série b2740 V/1982 à b2804 V/1982.
1877 : 959 V/1962 ; série b2498 V/1982 à b2576 V/1982.
1878 : série b960 V/1962 à b998 V/1962 ; série b2433 V/1982 à b2452 V/1982.
1879 : série b2453 V/1982 à b2493 V/1982.
1880 : b2494 V/1982 à b2497 V/1982.
1881-1882 : série b2235 V/1982 à 2240 V/1982.
1883 : série b2242 V/1982 à b2250 V/1982.
1884 : série b2251V/1982 à b2264 V/1982.
1885 : série b2265 V/1982 à 2269 V/1982.
1886 : b2274 V/1982.
1887 : b 2416 V/1982.
1888 : b2275 V/1982 à b2277 V/1982 ; b2389 V/1982 ; b 2394 V/1982 ; b2417 V/1982 ; b2419 V/1982 ; b2421 V/1982 ; b2422 V/1982 ; b2424 V/1982 ; b2939 V/1982.
1889 : b999 V/1962 ; b2392 V/1982 ; b2395 V/1982 ; série b2426 V/1982 à b2432 V/1982.
1890 : série b1000 V/1962 à b1009 V/1962 ; b2411 V/1982 ; b2413 V/1982 ; b2217 V/1982.

Lettres de Johanna van Gogh-Bonger à Theo van Gogh de 1888 à 1890 : b2060 V/1982 ; série b4237 V/1984 à b4282 V/1984.

2 / Archives départementales du Val-d'Oise

Lettres de Theo van Gogh à Camille Pissarro de 1888 à 1890.

Sources publiées

Henk Bonger, « Un Amstellodamois à Paris » (extraits de lettres écrites entre 1880 et 1890 par Andries Bonger à ses parents à Amsterdam), *Liber Amicorum Karel G. Boon*, Amsterdam, Sweets & Zeitlinger BV, 1974, p. 61-70.

Douglas Cooper, Paul Gauguin, *Quarante-cinq lettres à Vincent, Theo et Jo van Gogh*, Amsterdam.'s Granvenhage, Collection Rijksmuseum, V.V.G, 1983.

Paul Gachet, *Lettres impressionnistes*, Paris, Grasset, 1957.

Paul Gauguin, *Lettres à sa femme et à ses amis*, Paris, Grasset, 1992.

Paul Gauguin, *Lettres de Paul Gauguin à son ami Daniel de Monfreid*, Toulouse, Imprimerie du Vignier, 1945.

Paul Gauguin, *Lettres de Paul Gauguin à Émile Bernard*, Genève, P. Cailler, 1954.

Vincent van Gogh, *Correspondance générale*, Paris, Gallimard, collection « Biblos », 1990.

Camille Pissarro, *Lettres de Camille Pissarro à son fils Lucien*, Paris, Albin Michel, 1950.

Verzamelde Brieven van Vincent van Gogh, Amsterdam, 1952-1954, 4 vol. (*in* vol. 4 : T1 à T41, lettres de Theo van Gogh à Vincent de 1888 à 1890).

Ouvrages

Theo van Gogh

Collectie Theo van Gogh, Amsterdam, Stedelijk Museum, 1953.

Victor Doiteau, « À quel mal succomba Theo van Gogh ? », *Aesculape*, vol. 30, n° 1, 1940, p. 76-87.

Paul Gachet, « Les médecins de Theo et Vincent van Gogh », *Aesculape*, mars 1957, p. 4-37.

Vincent Willem van Gogh, « Theo van Gogh without Vincent », *Art News*, octobre 1953, vol. 52, n° 6, p. 24-30.
Jan Hulsker, « 1878, a decisive year in the lifes of Theo and Vincent », *Vincent : Bulletin of the Rijkmuseum Vincent van Gogh*, 3, 1974, n° 3, p. 15-36.
Jan Hulsker, *Vincent and Theo van Gogh : a dual biography*, Ann Arbor, ed. James M. Miller, Fuller Techinical Publications, 1990.
Jan Hulsker, « What Theo really thought of Vincent », *Vincent : Bulletin of the Rijkmuseum Vincent van Gogh*, 3, 1974, n° 2, p. 2-28.
Jan Hulsker, « De Van Goghs en de Bongers », *Jong Holland*, 1996, n° 2.
G. Krauz, « Les liens entre Theo et Vincent van Gogh », Amsterdam, Éditions de la Fondation Kröller-Müller et J. M. Meulenhoff, 1954.
Marie-Angélique Ozanne, Frédérique de Jode, « Theo, le second Van Gogh d'Auvers-sur-Oise », *Vivre en Val-d'Oise*, février-mars 1999, n° 54, p. 19-23.
John Rewald, « Theo van Gogh, Goupil and the Impressionists », *Gazette des Beaux-Arts*, janvier-février 1973, p. 1-108.
Chris Stolwijk, Richard Thomson, *Theo van Gogh 1857-1891*, Van Gogh Museum, Amsterdam Waanders Publishers, Zwolle, 1999.
Marc Edo Tralbaut, « Van Gogh : un document inédit », *Connaissance des Arts*, août 1960, n° 102, p. 10-16.
Jan Veth, « Theo van Gogh », *De Amsterdammer*, 2 février 1891, p. 3.
P.H.A. Voskuil, « Het medisch dossier van Theo van Gogh », *Nederlands Tijdschrift voor Geneeskunde* 136, 1990.

Vincent van Gogh

Antonin Artaud, *Van Gogh le suicidé de la société*, Paris, Gallimard, 1947.
Albert Aurier, « Les Isolés, Vincent van Gogh », *Mercure de France*, janvier 1890.
Émile Bernard, « L'enterrement de Vincent van Gogh », *Arts-Documents*, février, 1953, n° 29.
Émile Bernard, « Souvenirs sur Van Gogh », *L'Amour de l'Art*, décembre 1924, n° 12, p. 393-400.
Jean-Louis Bonnat, *Van Gogh : l'écriture de l'œuvre*, Paris, PUF, 1994.
Pascal Bonafoux, *Van Gogh le soleil en face*, Paris, Gallimard, 1991.
Adeline Carrié, « Les souvenirs d'Adeline Ravoux sur le séjour de Vincent van Gogh à Auvers-sur-Oise », *Les Cahiers de Van Gogh*, n° 1, 1956.
Pierre Cabanne, *Qui a tué Vincent van Gogh ?*, Paris, Quai Voltaire, 1992.
Noël Cannat, *Entre révolte et médiation : les outsiders des nouveaux acteurs sociaux : V. Nijinski, V. van Gogh, T.E Lawrence*, Paris-Montréal, Éditions de l'Harmattan, 1998.

Elly Cassee, « In love : Vincent van Gogh's first true love », *Journal 1996*, Amsterdam, Van Gogh Museum, 1997.

Han van Crimpen, *Van Gogh in Brabant*, Zwolle, Publisher Waanders, 1987.

Élisabeth Du Quesne-van Gogh, *Vincent van Gogh raconté par sa sœur*, Paris, Hazan, 1982.

Viviane Forrester, *Van Gogh ou l'enterrement dans les blés*, Paris, Éditions du Seuil, 1983.

Paul Gachet, *Les Soixante-dix jours de Vincent van Gogh à Auvers-sur-Oise*, Saint-Ouen-l'Aumône, Éditions du Valhermeil, 1994.

Serge Garcin, *Van Gogh*, Paris, Gembloux, 1981.

Van Gogh à Paris (Catalogue de l'exposition du Musée d'Orsay, Paris), Paris, Publication du ministère de la Culture et de la Communication, 1988.

Jean-Pierre Jouffroy, *La Raison de Vincent van Gogh*, Paris, Messidor, 1990.

Roger Laporte, *La Loi de l'alternance*, Paris, Fourbis, 1997.

Pierre Leprohon, *Vincent van Gogh*, Éditions Corymbe, 1972.

Henri-André Martin, *La Maladie de van Gogh : le mystère d'une fin tragique*, Paris, Buchet-Chastel, 1994.

Charles Mauron, *Van Gogh : études psychocritiques*, Paris, José Corti, 1976.

Charles Mauron, *Vincent et Theo van Gogh, une symbiose*, Amsterdam, Instistuut voor Modern Kunst, 1953.

Claude Millon, *Vincent van Gogh et Auvers-sur-Oise*, Pontoise, Graphédis, 1998.

Francesc Miralles, *Van Gogh*, Paris, Menges, 1994.

Jean Monneret, *Vincent van Gogh au Salon des Indépendants 1888, 1889, 1890, 1891 ou la passion selon Vincent*, Paris, Société des Artistes Indépendants, 1990.

Philippe Monsel, *Van Gogh 1853-1890*, Paris, Cercle d'Art, 1997.

Alain Mothe, *Vincent van Gogh à Auvers-sur-Oise*, Paris, Éditions du Valhermeil, 1987.

Henri Perruchot, *La Vie de Van Gogh*, Paris, Marabout, 1981.

Ronald Pickvance, *Van Gogh in Arles*, New York, The Metropolitan Museum of Art, 1984.

Ronald Pickvance, *Van Gogh in Saint-Rémy and Auvers*, New York, The Metropolitan Museum of Art, 1987.

Ronald Pickvance (ed.), *A great artist is dead' : letters of condolence on Vincent van Gogh's death*, Zwolle, 1992.

Louis Piérard, « Van Gogh au pays noir », *Mercure de France*, juillet 1913, p. 976-111.

Gilles Plazy, *Les Chemins de Van Gogh*, Paris, Éditions du Chêne, 1997.

Didier Porot, *Van Gogh ou le Hollandais volant*, Rueil-Malmaison, Geigy, 1989.
A. Stiles Wylie, « Vincent's childhood and adolescence », *Bulletin of the Rijksmuseum Vincent van Gogh*, vol. 4, tome 2, Amsterdam, 1975.
B.J Stokvis, *Nasporingen omtrent Vincent van Gogh in Brabant*, Amsterdam, S.L Van Looy, 1926.
David Sweetman, *Une vie de Vincent van Gogh*, Paris, Presses de la Renaissance, 1990.
Marc Edo Tralbaut, *Van Gogh, le mal aimé*, Lausanne, Edita, 1969.
Daniel Varenne, *Van Gogh : Zundert-Auvers*, Périgueux, Fanlac, 1989.
Bogomila Welsh-Ovcharov, *Vincent van Gogh : his Paris period 1886-1888*, Utrecht-La Haye, 1976.

Contexte artistique

Madeleine Ambrière, *Dictionnaire du XIXe siècle européen*, Paris, PUF, 1997.
Émile Bernard, « Julien Tanguy », *Mercure de France*, décembre 1908, p. 600-616.
Philippe Bouin et Christian-Philippe Chanut, *Histoire française des foires et des expositions universelles*, Paris, Éditions du Nesle, 1980.
Françoise Cachin (dir.), *L'Art du XIXe siècle*, Paris, Éditions Citadelles, 1990.
Anne Distel, *Les Collectionneurs des impressionnistes : amateurs et marchands*, Paris, La Bibliothèque des Arts, 1989.
Maurice Donnay, *Autour du Chat Noir*, Paris, Grasset, Les cahiers rouge, 1996.
Dubosc, *Soixante ans dans les ateliers d'artistes*, Paris, Calmann-Levy, 1900.
Paul Gachet, *Deux amis des impressionnistes : le docteur Gachet et Mürer*, Paris, Éditions des Musées Nationaux, 1956.
Paul Gauguin, *Avant et Après*, Paris, Éditions de La Table Ronde, 1994.
François Gauzi, *Lautrec, mon ami*, Paris, La Bibliothèque des Arts, 1992.
Edmond et Jules de Goncourt, *Journal, Mémoires de la vie littéraire*, Paris, Robert Laffont, collection « Bouquins », 1989, 3 vol.
Maurice Joyant, *Henri de Toulouse-Lautrec, 1864-1901*, Paris, 1926, 2 vol.
Hélène Lafont-Couturier, « La maison Goupil ou la notion d'œuvre originale remise en question », *Revue de l'art*, n° 112, deuxième trimestre 1996, p. 59-69.
Sophie Monneret, *L'Impressionnisme et son époque*, Paris, Robert Laffont, Collection « Bouquins », 1987, 2 vol.
Pascal Ory, *L'Exposition Universelle*, Paris, Ramsay, 1982.
Anne Pingeot (dir.), *Paris-Bruxelles, Bruxelles-Paris, les relations artistiques*

entre la France et la Belgique, 1848-1914, Paris, Galeries nationales du Grand Palais, 18 mars-14 juillet 1997.

John Rewald, *Le Post-Impressionnisme*, Paris, Albin Michel, 1961, 2 vol.

Philippe Roberts-Jones, *Bruxelles, fin de siècle*, Paris, Flammarion, 1994.

John Sillevis, Ronald de Leeuw, Charles Dumas, *L'École de La Haye, les maîtres hollandais du XIXe siècle*, Paris, Grand Palais, 1983.

Pierre Vaisse, *La Troisième République et les peintres*, Paris, Flammarion, 1995.

André Velter, *Les Poètes du Chat Noir*, Paris, Poésie, Gallimard, 1996.

Rodolphe Walter, « L'Exposition Universelle de 1878 », *L'Œil*, novembre 1972, nº 280, p. 38-45.

H & C White, *La carrière des peintres au XIXe siècle*, Paris, Flammarion, 1991.

Table

Les auteurs remercient chaleureusement Ancilla Bossenec pour la traduction française de la correspondance inédite de la famille Van Gogh – mise à leur disposition par la Fondation Vincent van Gogh.

Les éditeurs tiennent à remercier particulièrement Simone Devaux.

Composition Facompo
14100 Lisieux

Impression réalisée sur CAMERON par
BRODARD ET TAUPIN
La Flèche
pour le compte des Éditions Olbia
en septembre 1999

Imprimé en France
Dépôt légal : septembre 1999
N° d'impression : 6717W
ISBN : 2-7191-0523-6